不登校は1日3分の働きかけで99%解決する

森田直樹

リーブル出版

プロローグ

不登校の子どもたちは、全国でいったい何万人いるのでしょうか。最近の統計によると小・中学生の不登校の子どもたちは、全国で十万人を超えるといわれています。

登校はしているものの教室に戻れず、保健室や別室で過ごしている子どもたちもいれば、適応指導教室などの支援施設に登校している子どもたちもいます。この子どもたちは不登校として数えられていないのです。そのうえに、不登校の高校生も多いのです。

不登校は大きな社会問題となりながら、その解決策が一向に見えてこないのが現状です。

私は、六年前、小学校から短期大学に移り、ここでの教育相談をきっかけに、不登校の問題に関わることとなりました。長年の教職経験に解決志向ブリーフセラピーの知恵を少々お借りし、不登校の子どもたちを学校に戻す支援のあり方を求めてきました。そして効果のある〝三つのポイント〟に気づいたのです。

この支援方法で、毎年数多くの子どもたちを、再登校に導いてきました。

保護者の協力が得られたケースでは、ほぼ百パーセント再登校していますし、再度の不登校になる子どもはいません。六年前に支援した子どもたちは、すでに大学生となっています。この子たちは、対人関係に臆することなく、自分らしく自信に溢れて学校生活を送っています。看護大学に進学した子もいます、大学の演劇科に進学した子、専門学校に通って自主映画をつくっている子もいます。

私はこの支援方法が効果を持つのは、十代の間であると考えています。なぜなら、この方法は、「子育て」そのものと言えるからです。

ほとんどの子どもの再登校が可能であるなら、なぜもっと早くこの方法をみなさんに公開しなかったのかと思われるでしょう。ただ公開するには、この支援の方法があまりに簡単なゆえに、子どもたちが再度の不登校にならないとの確証が必要と思い、これまで六年間、再登校した子どもたちの様子を見守ってきたのです。

結果はどうだったと思われますか。再度の不登校になるどころか、子どもたちは生まれ変わったような人生を歩んでいます。まさに、再生しているのです。

だからこそ今、自信を持ってこの支援の方法をみなさんにお伝えしたいのです。

この方法の重要な点は、保護者の力で再登校へと導くことができますし、不登校を未然に防ぐこともできることです。

それも「一日たった三分間、子どもに関わる」だけなのです。不登校だけでなく子どもの様々な問題で悩んでいるお母さんにとって画期的な方法といえます。

現在、私の面接では、初期段階で子どもさんに会うことはほとんどなく、保護者の方と面接するだけです。一度も子どもとの面接のないまま、再登校していくケースも数多くあります。

初期面接こそ少し時間を取りますが、(ケースによって多少異なりますが)二、三回目からは三十分ほど、月一、二回程度なのです。これだけで再登校していきます。

ここで大切なのは、再登校後も一定期間面接を続け、メンテナンスをしていくということです。再登校までは、平均して三カ月ほどですが、子どもが心に大きな問題を抱えている場合は長くなる場合もあります。

なかには再登校させることを躊躇される保護者もおられると思います。

苦しい思いをしてまで登校させる必要はない、学校へ行く、行かないは、子どもの判断だと考えていらっしゃるのでしょう。

実のところ、私も以前はそう考えていた一人でした。家庭やフリースクールで、自由に個性を生かして育てることもよいと思っていました。

長く不登校している子どもは、大人たちといつも一緒にいるものですから、知識も豊富になっていて、とてもしっかりしているように感じます。このまま不登校でも問題はないとも思えてきます。

しかし、今では、学校に戻すことが大切と考えるようになりました。私の考えが変わったのは、再登校後の子どもたちに、社会とのつながりの遅れが見られるからです。体は成長していますが、対人関係やモラルの発達は、不登校をはじめた年齢で止まっているように思われるのです。例えば小学校で不登校になっていると、体は中学生でも、ものの見方、考え方、行動の仕方は、小学生のままなのです。大人たちと一緒に、個性という名のもとで、好きなことのみをしていたのでは、子どもたちは大人になりきれないのではないかと考えるようになりました。

学校に代わる子育ての環境がない現状では、子どもたちを学びの場である学校に戻すことが、子どもの心の発達に必要と思います。やがて子どもたちは、独り立ちしなければなりませんし、これから先、社会との関わりなしに生きていくことは不可能です。仕事に就き、家庭を持ち、子育てをしなくてはならないのです。

それではどのようにすれば再登校するのでしょうか。このことは今までなかなか解決策の見えない大きな問題でした。

私がこの本で提案するのは、とても簡単で分かりやすい支援の方法です。それも、毎日三分間子どもに関わるだけでよいのです。わずか三分、カップラーメンをつくる時間さえ作れば、再登校するのです。また保護者の生活を変える必要もありません。この「三分間の子育て」を続ければ子どもたちは動きだすのです。子ども自身の力で動きはじめられるのです。

この「自分で動く力」を育てないかぎり、やがて再度の不登校につながっていきます。

無理矢理登校させられた小学生は、中学・高校で再度の不登校になることが多いのです。

私は、幼稚園から短期大学生までの子どもたちの相談に関わっているからこそ言えるのです。

子どもには自ら問題を解決する能力が備わっています。保護者の方は、それを信じて、三分を有効に使ってください。この三分間で、子どもが自ら問題解決の糸口を見つけます。

糸口を見つけると、子どもは動きはじめます。その動きは、直接不登校を解決するようなものとは限りません。子どもから、共に考えてほしいとのサインが見られます。そのサインに気づき、子どもに関することは子どもと一緒に考えればよいことなのです。ここでは、親としての意見も伝えなければなりませんし、子どもの意見もしっかりと聞かなければなりません。これは案外とできていなかったことなのです。

それでは、三分間の使い方をお話していきます。

不登校は1日3分の働きかけで99％解決する／もくじ

プロローグ

〔第一章〕
不登校のメカニズムを知ることからはじめましょう

〔第二章〕
再登校に導く3つのポイント

〔第三章〕

成功事例　こうした支援で再登校をはじめた

〔ケース1〕再登校に成功し、演劇部で活躍しているAさん

Chapter

1

不登校のメカニズムを知ることからはじめましょう

1 一年間で解決の糸口を見つけたい

子どもが不登校になると、まずお母さんは学校の先生やスクールカウンセラー、病院などへ相談に行きます。そこで面接を受けると、まず不登校になった原因を探ります。これまでいろいろと尋ねられ、お母さんは「私の子育てに問題があったのかもしれない」と内心不安に思っているものですから、妙に納得してみたり、あるいは自分を責めたりしてしまいます。

相談の後、「動きがあるまで待ちましょう」と言われても、どうしていいのか分かりません。

現状では、何をどのようにすれば登校するのか、それに明確に答えてくれる方は、ほとんどいないのです。例えばカウンセラーでしたら、面接の中で、相談に来られた方の「気づき」をお手伝いするのが仕事なのですから、明確に、こうすれば再登校するとは言いません。

民間や公的な不登校施設に預けて親から切り離しても、不登校の解決につながるとは考えにくいのです。環境を整えないまま親子を切り離すと、子どもたちの心には親に捨てられたという、取り返しのつかない思いを残してしまいます。

「動きを待ちましょう」と言われても、

「どうやって待てばいいの？」「いつまで待てばいいの？」とお母さんは困ってしまいます。

「ああ、このままだと学年が終わってしまう。どうしよう。授業も受けてないし……」

と、ますます混乱してしまいます。

お子さんが中学生だったら、

「内申点がなくて高校に行けなくなってしまうのでは」と考えこんでしまいます。

高校生だったらもっと大変です。

「このまま待っていたら留年する。留年すると高校を退学してしまうかもしれない」

とほとほと困ってしまいます。

待つといっても、不登校しているのはお子さんであり、お母さんに何ができるのでしょうか。不登校の原因を探られて「母子分離不安」なんて告げられ、自分の子育てを悲観することになってしまうかもしれません。

「私って、なんて子育てのできない母親なのでしょう」「あれが悪かった、これが悪かった」「お父さんはぜんぜん協力してくれない。もう……」

と反省したり、言い訳したり……。そんなつまらないことばかりに考えが走ります。

「本人が動くまで待ちましょう」とはよく聞く言葉ですが、これだけでは本当に困るのです。「診断はおりたが、薬はありません。自然に治るのを待ちましょう」と同じなのですから……。

不登校はずっと待っていても、自然に直るものではありません。

また学校は一年間で体制が変わります。人事異動で先生が交代し、最近は担任も一年で変わることも多く、こうなると学校は同じでも中身は別のものになってしまい、せっかく登校しても子どもは戸惑います。

だからこそ、私は一年間で解決の糸口を手に入れ、再登校に導けるように、手助けをしたいと思っています。

2 動きを待っていると、あっという間に時は過ぎる

不登校では深夜徘徊などはしません。だから周りの人たちに迷惑をかけず、子どもが家にいるから親も安心してしまいます。家族に悪いからと家事をやってくれる子どももいて、お母さんは大いに助かります。

最近は不登校が社会的に認められてきて、周りに対しての恥ずかしさも薄れてきたようです。

誘われて不登校の「親の会」に行って、同じ境遇の方とお話もできる環境も整ってきています。だから自分一人でないことが分かって安心します。待っていたら登校を再開する子もいるから、そんな情報が入ってくることもあります。だから、ゆっくりと子どもが動きだすのを待つ体制に入ってしまい、こうして一年一年が過ぎていきます。

そして中学三年生くらいになると、このままでは高校に行けないかもしれない、という不安も出てきます。

最近では、このままひきこもりにならないかと心配する人も多くなってきています。

結局、いくら待っていても不登校は解決しないのです。

偶然登校しても、不登校を自分の力で克服したという意識が、子どもにしっかりと育っていないと、再度の不登校になってしまったり、社会人になって、せっかく就いた仕事をやめたりすることも多くみられます。

何年も不登校をした結果、「ひきこもり」に移っていくケースも多いのです。やはり、何か方策を立てて、「動きを待つ」必要があります。

不登校は子どもの将来も左右するのですから、支援の体制の整っている学校にいる間に再登校に導くこと、それがベストなのです。

不登校は成長するための通過点

何かをきっかけにして不登校がはじまります。しかし、同じ状況に置かれても不登校につながらない子どももいます。

不登校の子どもは、他の子どもに比べて、言葉を選べば繊細で傷つきやすい、はっきり言えば、困難に立ち向かう力が不足しているともいえます。このままでは、独り立ちへはつながらないのです。もし自らの力で再登校することができれば、次の困難に立ち向かうことができます。不登校を通過点とし、これを機会に独り立ちする力を育てることが大切なのです。

3 再登校に導くためには、原因探しを止める

不登校の支援の方法が見つからないのは、原因を追求していくからです。実は原因と思って追求しているものは、きっかけにすぎないのです。真の原因は、子どもの心の発達に視点を当ててみなければ見つけられないと思います。

体が成長するためには栄養が必要です。食欲という欲求で食物を取り、その栄養で体は成長していきます。同じように心にも栄養が必要なのです。この心の栄養は、愛情と承認欲求を満足させることです。これによって心に栄養が入り、発達するのです。

私はこの心の発達に必要な栄養の不足が不登校となって現れると考えています。

4 薬では治せない心の栄養不足

「先生、不登校の原因は何かの病気だと思うので、薬で治したいのです」

確かに、病院で安定剤を処方してもらって、何とか立ち直っている子もいます。しかし、薬に依存していたら、自分の力で登校したという自覚がないので、再度の不登校になる場合が多いのです。これまで薬に依存して登校している子どもたちを何人も見てきました。この子たちの多くは、高校で再度の不登校になって退学していきます。

薬に依存している子どもを支援する時は、まず薬への依存を解くことからはじめます。ただ、すでにお母さんが薬に頼ってしまっているから、協力を得られなくなることが多く、支援ができなくなることもあります。

私は、薬の話を聞くと、こうお母さんにお話しします。

「お薬もいいね、こんなにお母さんが苦労していると、そんな気持ちにもなるよね。でもね、お母さん、お薬は症状を軽くするだけだよ」

「……」

「薬を使う前にすることは、お子さんを独り立ちできるように育てることが大切なのです。薬は子育てをしてくれないですからね」

もちろん、心の病気の発症が懸念される場合は、早急に受診をお勧めしています。

いよいよ本論に入ります。どうかあわてないでお読みください。

ここでしっかりと理解しておいていただかなければ、あまりに簡単過ぎる方法ですから、途中で迷いが生じてしまい、挫折ということになりかねません。

何度もいいますが、不登校の原因は、心の栄養不足なのです。ただ本人でさえ、心の栄養不足が不登校につながっていると気づいていません。

登校しなければいけないと思うのですが、何か体が動かなくなるのです。本人の意志とは関係なく体が動かなくなるのです。

5 心の栄養不足は、子どもの〝自信の水〟の不足

重要なのは、心にも栄養が必要なことです。私はこの栄養を「自信の水」と呼んでいます。子どもたちの心の中にはコップがあり、このコップの中に自信の水が入っていると考えてください。

そして子どもたちは、日々この水を使って生活をしていて、勉強に、部活に、先生や友達関係に、この水を使っていると考えましょう。自信の水を使うと同時に、子どもたちは周りの人たちに認められたり、親から愛情を受けたりして、自信の水を補充しているのです。こうして子どもの心の中のコップは、いつも自信の水が満たされている、これが心の発達につながっていくのです。

ところが、いじめとか何らかの不適応状態になってしまうと、いつもよりたくさんの自信の水を使うことになります。心のコップが大きい子どもだと、まだまだゆとりがありますが、心のコップが小さい子どもだと、補充できる水以上に自信の水を使うことになり、

元の水の状態に戻らなくなってしまいます。

不適応状態とは、いじめなど不登校のきっかけなのです。これは簡単に解決できませんから、少しずつ少しずつ自信の水が不足していきます。心のコップに自信の水が少なくなると、ますます不適応状態を乗り越えられなくなります。元気もなくなり周囲から褒められたり、認められたりする機会も少なくなってゆきます。これが繰り返されると、心の中のコップは相当な水不足状態になります。ここまでくると、子どもは物事を冷静に判断できなくなり、身動きが取れなくなります。そして、困難なことを自分の力で克服できなくなってゆきます。

これまで何事もなく簡単に乗り越えられた些細なことも、大きな壁となって子どもの前に立ち塞がるのです。この状態が不登校です。

周囲では「不登校のきっかけ」のみに視点をあてて考えがちですから、子どもの心の中の自信の水がなくなっていることになかなか気づきません。また、「子どもの心のコップの自信の水不足」なんて考えも及びません。

6 不登校のメカニズムを知ることからはじめましょう

不登校のメカニズムを、子どもも親も先生も知らないので、親は力づくで登校させようとしますし、子どもは登校しようにも動くことができません。

不登校になると、たいていの場合、子どもたちはテレビやビデオ、テレビゲーム、携帯電話、そしてインターネットなどの電子機器に、のめり込んでいきます。暇を持て余して、インターネットやテレビゲームをしていると考えられます。しかし、退屈ならば読書や絵を描くことに、のめり込むケースがあってもよいと思いますが、そんな子はほとんどはいません。まさに不安を打ち消す、不安を麻痺させるように、電子機器にのめり込んでいくのです。

そして次第に昼夜逆転になり、生活リズムが崩れてきます。思いあまって親がインターネットを切ろうとすると、暴力に訴えてくる子どもさえいます。目つきまで変わり、話がまったく通じなくなり、人格に変調をきたしたと感じる親もいるほどです。

私は、この状態を「不登校の底」と考えています。不登校の子どもは、ほとんどこの状態になります。こうなると保護者もどのように対処すればよいのか分からなくなり、登校させることもあきらめます。こうなると子どもたちはある意味、居心地のよい不登校となります。

このような状態で「動くまで待ちましょう」との助言を受けて、ひたすら待っている保護者も多いのです。

反対に、家庭が過ごしにくい場であると不登校になれず、非行に走る子どももいます。非行に走った子は、仲間のいる居場所を見つけますが、そこは真っ当な居場所じゃないのです。しかし、ここだったら仲間たちから認められ、心のコップに自信の水を入れてもらえるのです。しかしその水も真っ当な水ではありません。それを承知で群れているのです。真面目に返ったら、かえって仲間を失うだけなのです。仲間を失うと居場所を失ってしまいます。この子たちにとって一人に戻るのは、淋しくてつらいことなのです。

このように考えてみると、いじめなどの指導をしても、別室登校や先生が迎えに行って登校させても、必要なことではありますが、不登校の根本解決にはなりません。

「待ちましょう」と言われて、特別なことを何にもしなくて、登校した子どもたちもいます。よくよくその登校までの過程を調べていくと、親の理解もあり、ゆっくり休むなどの心のコップに水の入るきっかけが見つかります。クラスの先生や友だちとの関係がよくて、家庭訪問などの受け皿を上手に作ってくれている、こうなると自然と心のコップに自信の水が入り溜まってきます。そんな環境ができていたからこそ登校できたのです。例えば、「友だちの作り方を見つけたから登校できた」なんて言っている子もいます。

これと同じことをすればよいのです。つまり、意図的に子どもの心のコップに自信の水を入れるのです。

この水を入れる最も適任者は「親」です。これは子育てなのです。ですから、子どもの心のコップに自信の水を溜めるのも、心のコップを大きく育てるのも親の役目なのです。

心の中のコップに自信の水が溜まると、子どもが自分の力を試してみるのです。この力を実感できれば、自ら問題解決の糸口を見つけて、登校を再開するのです。

Chapter

2

再登校に導く3つのポイント

Point 1

自信の水をつくる

子どもの持つ良さ（リソース）を見つけ、自信の水をつくるのは親の役割

1 子どものよさに、親のうれしい気持ちを加えると自信の水になる

心のコップに入れる自信の水とは、子どもの持つリソース（よさ・資源）です。

まず、子どもの持つよさをしっかりと見つけましょう。

自信の水をつくることは親がしなければなりません。

不登校は、子どもを独り立ちするための子育てなのです。子育てを他の方に任せることはできません。ですから、施設など他人に預けても不登校の解決になりません。捨てられたと感じて、心に深い傷を残すかもしれません。

自信の水をつくることは、再登校へつながる最も基礎のポイントです。

これは親として、子どもが再登校した後も続けなければなりませんし、いつでも、意識しないで、自信の水をつくれるようにしなければなりません。

親がこのことをしっかり理解していないと、うまくいかないのです。少し聞きかじって「分かった、分かった」では長続きせず、不安になり途中でやめてしまいます。そんなケースを私も経験しました。その子はとうとう高校も退学して、連絡もなくなってしまったのです。聞くところによると相変わらず好きなことをさせて復学を待っているらしい……。このケースと同時期に取り組んだ子どもは、すでに高校卒業して大学生になって、生き生きと自分らしく生きています。

この違いはどこからきたのでしょうか。親が根気強く子どものよさを見つけ、自信の水をつくり、心のコップに入れ続けたか、否かだけなのです。

子どものよさ（リソース）探しの親の面接は、次のようにしています。

「お母さん、お子さんの売り・よさって何でしょうね。新聞のチラシなんかに『うちの店の売りはお魚だよ』なんてありますね。その「売り」のことです。あなたのお子さんの「売り」つまりよさを三つ言ってくれますか」

ここで不登校の子どもを抱えているお母さんは、すっかり考えこんでしまうのです。

……沈黙が続きます。私はじっと待ちます。

待つこともなかなか大切な時間なのです。

やがて、重い口を開き、お母さんは答えます。

「やさしいですね」

確かにこれも〝よさ〟です。これでもいいのですが、もっと具体的に聞いてみます。

「やさしいと感じるときは、どんな時ですか」

「そうですね、買物をした時なんか、黙って袋を持ってくれます」

「ほかにありますか」

「私が疲れている時は、料理の手伝いをしてくれます」

「ほかには」

と、やさしいと感じた子どもの言動を、一つ一つ思い出せるように、時間をかけて尋ねていきます。

「とてもたくさんのやさしいことをしていますね。それでは最近やさしいと感じたのはいつですか」

「そうですね、昨日、帰宅したら洗濯物をたたんでくれていたのです」

「いい子ですね、上手にお子さんを育てているじゃないですか。そのたたんだ洗濯物を見てね、お母さんどんな気持ちになりました」

「うれしかったですよ。不登校していることを悪いと感じているのか、一生懸命に洗濯物をたたんでいるのですよ」

「うれしかったのですね。その気持ちをお子さんに伝えましたか」

「『ありがとう』と言いました」

「洗濯物をたたんだことと、『とてもうれしい』を一つにして言ってあげると、自信の水になるのですよ」


その時、その場でお母さんが見聞きした子どもの言動に、お母さんの「うれしさ」を付け加えるのです。そうすれば、子どもの心のコップに「自信の水」がすうと入っていきます。

ここでまとめてみましょう。

子どもの言動をその時、その場で〝世界一幸せなお母さんとしての気持ち〟で「お母さんうれしい。本当にうれしい」を付け加えるとできあがりです。

気持ちを付け加えればいいのです。簡単でしょう。

こんな感じです。子どもの顔を見つめて、

「洗濯物、たたんでくれて、お母さん、本当にうれしい、うれしいよ」

この時に「私は、世界一幸せな母親である」と自分に言い聞かせておかなければなりません。暗い顔や疲れた顔ではいけませんよ。この瞬間は、とにかく〝世界一幸せな母親〟になって言ってください。世界一が大切なのです。子どもが小学生でしたら、抱きしめて言うと、もっと自信の水が増え、効果的です。

「先生、それって相当難しいですね」

「だから言ったでしょう。簡単なのだけど難しいって。でもね、これは不登校を直す治療なんです。病気を治すのにお薬を飲むでしょう。処方されたお薬を、苦いから飲まないなんてできないでしょう。だから、難しいけれどやってみましょう。これは子育てなんです。親だったら子育てしないわけにはいかないでしょう」

「〝足音〟さえも自信の水にできますよ。足音を聞いていたら、このように言うのです。『あんたの元気な足音が聞こえたら、お母さんとてもうれしくなるよ』と……」

「元気な足音でなくても、子どもの足音を聞いて、うれしいとはげましてあげてくださいね。不登校までしてお母さんに『自分を助けてほしい、お母さん、自信の水がなくなっているよ』と訴えてくれているのですから……。こんなに親孝行な子どもなんていません。だからこそ子どもの動きを、すべて自信の水につなげていきましょう」

ご飯を食べることも、お風呂に入ることも、子どもの動きです。これにお母さんのうれしい気持ちとつなげれば、すべて自信の水「リソース」にできるのです。

これが親子の信頼関係を取り戻す最も大切な水なのです。しっかりと言ってあげましょう。

2 子どものよさに「……の力がある」を加えて励ます

簡単な自信の水についてお話しました。簡単ですが、続けていなければなりません。

これができるようになると、少し、高度な自信の水をつくりましょう。しかし、コツが分かればこちらも簡単です。

これは、子どもの持つよさ、そのものを見つけることです。〝能力〟と考えてもいいと思います。絵を描くことが好きであれば、それを認めればいいのです。

「この絵はよくできているね。あなたには絵を描く能力があるね」のように言います。子どもさんをよく観察していると、子どもの「いいこと・能力」に気づきます。その「いいこと」に「……の力がある」とか「……の能力がある」の言葉をつけるのです。ついでに「たいしたものだ」とか「すごいね」という気持ちもつけてみましょう。

「……の能力がある」とか「……の力がある」、また、なってほしい職業なんかも入れると、将来そちらの方向に進む可能性がでてきます。

道徳的なことをよさ（リソース）にすると、それが身についてきます。これも大切なこと。親のものの考え方、行動の仕方がそのまま子どもに影響します。

私も母親から自信の水を入れられていた

私は子ども時代から、そんなに頭の切れる人間ではありませんでした。弟は、けっこう優秀で、買物に行ってもお店の人より計算が速かったから、おだちんに飴をいただいたりしていました。スポーツもよくでき、何でも一気にやってしまっていました。それで、高校でこつこつ勉強することをおろそかにして、気づいたら学年で後から両手で数えられる番数になっていました。

母親も父親も、幼い頃から弟に「お前は、仏様からいいものをもらっているから勉強してお医者になりなさい。いいものをもらっているからね」と言っていました。後から数えられる番数になっても、それを言い続けていました。それから三年かかったけれど医学部に行くことができましたが、その間の勉強の仕方は尋常ではありませんでした。いつも、布団の中で「仏様からいいものをもらっている」と自分に言い続けていたようです。今は隣町で内科医院をしていて、毎週やってきてそんな話をしていきます。

私の方はテストの点数が芳しくなくても、母親は「お前は力があるけど大器晩成だ、いつか花開くよ」と言ってくれました。こう言われると悪い気はしないから、ずっと信じていました。先日、そのことを母親に話しました。「母さん、大器晩成って言っていたけれどいつ大器になるかな」「そんなこと言ったかね」で終わりでした。また、母は私に「お前は、先生になれ、困った子の気持ちが分かるのだから、いい先生になれる」とも、上手に暗示にかけられました。テストの点数が悪いことを困った子の気持ちが分かるなんていうものだから、それで小学校の先生になりました。本当にそう思っていました。困った子とは私のことだったんだと、不登校の支援をはじめて気がつきました。こうして自信の水を入れてくれていたんだって……。

3 愛情深く観察し、子どもを主人公にした声かけをする

長く不登校が続くと友人の誰もが家に来なくなり、学年が替わると先生も電話くらいで、めったに顔を出さなくなってしまいます。

そんなとき、友達が遊びに来てくれると、お母さんはとてもうれしいものです。そこで「友だちが来てくれてよかったね」とお母さんは言うでしょう。でもこれだけでは子どもに自信の水とはなりません。

これを自信の水に変えるには、〝子どもを主人公〟にする必要があります。少し強引な言い回しかもしれませんが、次のように話しかけましょう。

「友だちが来たね。あんたには、友だちを引き付ける力があるんだね。すごいね」

このように視点を変え、子どもを主人公にすれば自信の水になります。友だちを引き付けたことには違いないのですから……。

この〝引き付ける力〟の言葉は、私は今でも成人した息子に使っています。あまりに言い過ぎるから嫌がっているかもしれませんが、褒められて病気になった人はいませんから大丈夫です。

つまり、しっかりと子どもを観察して、視点を変えてみれば、自信の水はいたるところでたくさん見つけられます。そのうえ、子どものよさを探すようになると、子どもは親の視線を強く感じるようにもなります。

〝三つのポイント〟に出合うまでは、あまり子どもをじっと観察することはなかったかもしれません。だからよけいに子どもは親の視線を感じるのです。この視線は、親の愛情なのです。「子どものよさ」探しは、心の栄養である承認と愛情の両方が一度に満たされるのです。子どもにとって、これこそが大きな自信の水になるのです。こうして親子の信頼関係が再構築されていきます。

私たちは子どもが幼い頃、初めて言葉を発した時、つかまり立ちした時、子どもの一挙手一動を見つめて感動して育ててきましたよね。その頃のようにすればいいのです。

シャワーのように子どもを褒める

ある教育講演会に呼ばれたときのことです。講演会が終わって八十歳近いとてもしっかりした女性の会長さんが挨拶に来られました。

「先生の今日の講演をお聞きし、私の長年抱えていたことが解決しましたよ」とおしゃるのです。そして会長さんのお話をお聞きし、なるほどと感じ入ったのです。

会長さんには息子さんがおられ、国内トップクラスの大学の医学部で教授をされています。私もテレビで何回か拝見しました。このような息子さんを育てられたので、多くの方から、何度も何度もどのような子育てをしたのかを尋ねられました。会長さんはその答が分からず、ほとほと困っていたそうです。そんなことが多々あったから、会長さんは自分の子育てで一体何をしたのだろうかと考えていらっしゃったようです。長年心の奥底にこの思いがあり、私の講演を聞いて、

「あっ、これが私がしてきた子育てなんだ」と気づいたというのです。

会長さんのしてきたことは、お子さんをいつもよく見ていて、「ここいいよね。こんな力があるんだね」と言っていました。

「母さん、今日九九を習ったよ。四の段だよ」「聞かせておくれ」「四一が四、四二が八……」「お前すごいね。母さん驚いたよ。次は何の段を勉強するの」「五の段だよ、ぼく自分でやってみるよ」

そんな会話を交わしていたらしいのです。

これは、息子さんのよさ・資質（リソース）探しでしょう。とにかくいいところを見つけて、毎日毎日シャワーのように息子さんにおっしゃっていましたが、会長さんにとって、これは普通のことで、皆さんも子育てでこれをされていると思っていたのです。だから、「どんな子育てをされていますか」と尋ねられても、みなさんが自分と同じような子育てをしていらっしゃると思っていたので、答えようがなかったのです。

八十歳にして、ご自分がされていた子育ての意味が分かったのです。実は本当にすごいことをしていらしていたこと、それが、子どもの才能を引き出し育てるものとは気づいていませんでした。褒めて育てることは、みんな知っているけれど、分かっていてもなかなかできないのです。会長さんも、お母さんから褒められて育ったのでしょう。

不登校の面接をしていて、この話をすることがあります。そうすると涙ぐむお母さんがけっこういるのです。

「先生、私ね、父親からも母親からも褒められたことがない。だから自分の子どもを褒めることができない」とおっしゃいます。

このことからも分かるでしょう。子育てのやり直しをすることが再登校につながるのです。もう一つ、褒められて再登校した子どもは、大人になって自分の子どもを褒めて育てるようになるのです。子育ての仕方が変わるのです。

＊心のコップに入れる自信の水とは、子どもの持つリソース（よさ・資源）です。

＊子どもの言動をその時、その場で〝世界一幸せなお母さんとしての気持ち〟を伝えることが大切です。

＊親が自信の水を入れることは、再登校へつながる最も基礎のポイントです。

＊不登校は、子どもを独り立ちするための子育てなのです。

Point 2

コンプリメント（〃よさ〃に気づかせる）

子どもの良さを三つ見つけて、伝える

1 コンプリメントは、子どものよさを伝えて気づかせること

子どものリソースを、毎日三つ以上見つけ、その時その場で、気持ちをこめて伝える、これがコンプリメントです。

これで子どもの心に自信の水が溜まれば、ある日突然、活動のスイッチが入ります。

子どもは、不登校のきっかけを解決する糸口を自分で見つけ、自分で解決しつつ、登校を再開します。しかし、しっかり水が溜まるまで、その変化に気づくことは少ないでしょう。

糸口を見つけると、子どもは動きをはじめます。それは、直接不登校を解決するような

ものとは限りません。散歩や買い物など日常のありふれた親子のふれあいなのです。これをおざなりにするのではなく、親としての意見も言わなければなりませんし、子どもの意見もしっかりと聞かなければなりません。

思春期の子どもにとって、この親子のふれあいはとても必要なのです。また、ここはコンプリメントの絶好の機会ですし、このふれあいの中で、再登校への力を培っていると考えられるのです。

大切なのは子どもの変化に気づかなくても、ひたすらコンプリメントしなければならないことです。必ず子どもの心のコップに自信の水が溜まっていると信じて続けることができれば、再登校に導けるのです。

この際に、親の生活を変える必要はありません。これまでと同じ生活のなかで、一日三つ以上のコンプリメントを付け加えるだけです。

一つのよさをコンプリメントする時間は、二十秒もかからないでしょう。だから三つをコンプリメントしても、一分程度なのです。

コンプリメントの仕方って、こんな感じです。ここでのよさは、子どもの「おはよう」のあいさつです。

「○○君、あなたのおはようの声を聞くとね、あんたが元気だと分かるから、とてもうれしいよ」

子どもの元気な声（たとえ元気でなくとも）を聞くとうれしいでしょう。そのうれしい気持ちを添えて自信の水になるように、子どもの「おはよう」に付け加えて言うのです。

子どもの目を見て〝世界一幸せな母親〟の気持ちをもって声かけするのです。たとえだんなさんと喧嘩していても、コンプリメントの時は、喧嘩のことは横に置いておいて、幸せな母親になりきって言いましょう。

「いいえ、そんなのできない」なんて言ったらだめですよ。このコンプリメントは、不登校を直すお薬と考えましょう。「言えない」じゃなくて、言わなくてはなりません。「世界一幸せなお母さん」のやさしさで、ひたすら言い続けるのです。そんなお母さんの愛情はストレートに子どもに伝わるものなのです。

子育って芸術なんですよ。よい作品を創りあげられるかどうかは、お母さんの心次第で結果は決まってくるのです。

もちろん子どものほうでも、突然コンプリメントを受けると戸惑いがちになります。だから子どもに無視されても当然と思い、気にしないことです。

「本当にそう思うんだよ」

と言って、それ以上のことは言わないことです。

不登校の高校生に足音をコンプリメントしたお母さんがいました。

「○○さんの足音を聞くと、お母さんも本当に楽しくなるわ」

そしたら、高校生の息子に、「なんだよ、急に気持ちが悪いだろう」と無視されたらしい。そこで、私はお母さんにコンプリメントのコツを伝授しました。

「馬鹿じゃないの」と言われても、

「お母さん、本当にそう思うんだよ」とさらりと返すのです。

ここで、売り言葉に買い言葉で、

「何だ、親に向かってその態度は。お前の不登校を心配してんだよ」

なんて言うと、自信の水を入れようとして、かえって自信の水を減らすことになります。

子どもに無視されたり、苦いことを言われても、「本当にそう思うんだよ」と言って動揺しないことです。

親に褒められたことは、必ず子どもの心のコップに一滴入っていきます。今まで何人も、これを実践して成功しているからこそ、私は自信を持って言えるのです。

「うれしい」「楽しい」のコンプリメントは、三週間は続けてください。三週間毎日続けられれば、子どもが一人前になるまで、ずっとできるようになります。

小学生の低学年だと三日間で態度に変化が起きてきます。

もう少し大きい子だと、最初の一週間はコンプリメントを疑って、「そんなこと言っても登校しないよ」と言われる場合もあります。それでも根気づよく「本当にそう思うよ」と言い続けます。

これまで三週間で態度に何らかの変化の起きない子どもはいませんでした。それでも、子どもの心のコップに溜まった水はほんの少しです。この水を使って短期間で登校する子も出てきますが、登校すると一日でやっと溜まった水を使いきってしまい、次の日から登校できなくなります。これは当然のことなのです。

なかにはコンプリメントを続けて、中学校の修学旅行に行った子もいます。これで、登校を再開すると、先生も親も期待していましたが、私は、「修学旅行で自信の水を使いきってしまって、また、一カ月はひきこもるようになるだろう」と予測しており、結局そのとおりになってしまいました。

そんなに簡単に自信の水は溜まらないのです。子どもの心の中のコップはまだまだ小さいから、溜まった少ない水を使うとすぐなくなってしまいます、これまで、そんな育て方をしてしまっているので仕方ありません。

これは子育てなのです。三カ月は水を入れ続けましょう。そして、子どもの心の中のコップを大きくするのも、親の役目なのです。

2 一日三つ以上のコンプリメントを守る

ある不登校のケースです。コンプリメントをはじめましたが、なかなか子どもに変化がみられないことがありました。そこでお母さんによくよく聞いてみると、毎日できなかった、できても一つか二つしかコンプリメントしていなかったのです。

例えば、晩ご飯を食べながら、「ここところことね、そこも良いね」というふうに、一度にまとめて三つ言っても効果はみられません。その時、その場で、世界一幸せな母親としての気持ちをこめてコンプリメントしましょう。一つでも二つでもだめなのです。経験から分かったのですが、毎日三つ以上のコンプリメントでなければ、効果がなかなか表れません。

よくコンプリメントの話をすると、

「先生、子どもを褒めることでしょう」

と聞かれます。たしかに褒めることですが、コンプリメントは子どもの持っているよさ・資質に気づかせてあげようとする意味合いがあるのです。それとなにより愛情です。これで親子の信頼関係ができます。

心の栄養になるには、承認することと愛情が必要なのです。

もう一つ大切なことを話しておきます。コンプリメンするようになると、子どもの些細な言動は気にならなくなります。子どもを観察していると口うるさく言う必要がなくなるのです。

子どもと面接すると「お母さんがこのごろ注意しなくなった」とよく言っています。

そこで私は、「躾《しつけ》はしてください」と言います。悪いことをすれば、諭《さと》せばいいのですし、躾はしなければなりません。

コンプリメントをはじめると、自分がいかに気分で子どもを叱っていたかが分かります。案外、これが子どもの心のコップの自信の水を減らしてしまっている一つの原因だったかもしれないのです。

コンプリメントのシャワーで、二日でいじめが解消

あるとき、小学校一年生のお子さんを持つお母さんから相談を受けました。幼稚園の頃から、毎日毎日、いじめられ、お腹をけられたり、頭をこづかれたりと大変な目に遭ってきたようです。何度も担任の先生にも相談に行きましたが、解決できないまま、幼稚園から小学校へ上がりました。小学校も幼稚園も一学級で、集団に変化がありません。子どもはいじめられる役になっているから、小学校になってもいじめがずっと続いてきました。とうとうチック症状まで出て、息を詰まらせたり、奇声をあげたりするまでになってしまったのです。

それを聞いて、いじめの構図を説明しました。いじめというのは、いじめられる子ど

もの反応を楽しんでいる場面が多いのです。言い換えれば、ねことねこジャラシの関係になっていて、これを解決するには、いじめに対していじめられている子どもの反応を変える必要があります。

方法は簡単、「子どもの心のコップにひたすら自信の水をいれてあげなさい」とご両親に伝え、子どものよさ・資質をコンプリメントすることを、少しトレーニングしました。

翌日は、土曜日、ご両親もお休みでしたので、土、日と二日間シャワーのようにコンプリメントしたのだそうです。二人そろってですから、すごい数のコンプリメントになります。こうして月曜日がきました。

お父さんが仕事を早く切り上げて帰宅しました。子どもが帰宅してきましたが、何も言いません。いつもなら、帰宅するとすぐに母親にいじめを訴えてきましたが、夕飯をすませても何も訴えてきません。お父さんもお母さんもたまらず子どもさんに聞きました。

「今日はいじめられたのかい」……子どもさんの言ったことは一言。「いじめって何のこと？」でした。この日を境にいじめはなくなり、チック症状も消えていきました。すでに二年以上経過していますが、いじめは再発していません。

＊　子どもの変化に気づかなくても、子どもの言葉に耳を傾けつつ、ひたすらコンプリメントを続ける。

＊　親の生活を変える必要はない。同じ生活のなかで、一日三つ以上のコンプリメントを記録する。

＊　親に褒められたことは、必ず子どもの心のコップに一滴入っていくことを信じ、三カ月は水を入れ続ける。

＊　子育ては芸術です。よい作品を創りあげられるどうかは、お母さんの心次第です。

Point
3

観察記録を付けることが大切

その時その場で、具体的に気持ちをこめて話しかける

1 一日の終わりにコンプリメントノートを付ける

毎日のコンプリメントは必ず記録してください。この記録を見直すことで、子育てのアイデアが湧いてくるのです。この記録は、育児手帳と同じ役目と思って欠かさず続けましょう。

コンプリメントは、その時、その場で具体的に、気持ちをこめてすることが大切で、時間にすると一つのコンプリメントは、二十秒くらいでしょうか。そして残りの四十秒で、コンプリメントを記録します。これは夜休む前にすることに決めましょう。コンプリメントノートを作って、今日したコンプリメントを記入してください。

今日一日の子育ては、三つのコンプリメントを記録して終了となります。これだけです。時間にすれば、わずか三分ほどしかかかりません。

「記憶は消えるけれど、記録は残る」この記録を手がかりに子どもの様子を見ていくのです。

もう一つ大切なことをしなくてはなりません。それは一日三つのコンプリメントを記入する時に、子どもさんの言動で、「いつもと違って何か、うまくいったみたい」とか「何かいつもと違っているようだ」と気がつけば、それを記入するのです。ただし、うまくいっていると感じたことに限ります。それをこのノートにメモしておくのです。そして「この子はこれをするとこんな言動になる」ことを見つけていくのです。うまくいっていることは続け、うまくいかないことはやめる方向にもっていきましょう。

このコンプリメントを記録することは、子どもを再登校に導くために最もしなければならない作業で、二回目からの親の面接は、この記録をもとに行います。この記録を継続すれば確実に再登校につながるので、希望をもって根気強く記録しましょう。

繰り返しますが、これまでの親の生活を変える必要はありません。親に生活を変えなさい、といっても実際は無理なのです。生活を変えなくてもいいから、三分間だけ子どものための時間を使ってさえいれば、これだけで心の中のコップに自信の水が溜まっていくのです。

そして、この記録は仕事場にも持っていきましょう。そして仕事の合間に、記録を読むようにすると、毎日かけているコンプリメントの見直しになり、子どもや自分の変化にも気づくようになります。

「少しあせっているのかなあ」「親の思い通りにしようとしているのかもしれないな」とか、「ここを面接の時に質問してみよう」などといろいろな気づきがあります。

この「記録を見る」「考える」ことが、その後のコンプリメントへの意欲を高めますし、子どもに対する親の勘を鋭くしていきます。

子どもを最も知っているのは、毎日観察し、記録を取っている親なのです。ですから、親の勘がとても働くようになります。ここまでくれば、すでに再登校に相当近づいていますし、登校後にも親が子どもに対して、何をすればよいのかに気づける状態になっています。

とにかく、ひたすら子どものよさを見つけ、コンプリメントし、記録を取り続けるのです。そしてその記録を見て、勘を鋭くしていくのが親の役目です。

中学生の成功例

一年半も不登校のうえ、部屋から出なくなった中学生のケースを、ソーシャルワーカーと訪問し、支援したことがあります。半年たっても、大きな変化はありませんでした。そこで、ソーシャルワーカーが受診を提案されました。私としては、コンプリメントすることで動きがあると考えていましたが、母親の判断にお任せしました。長期の引きこもり状態でしたので、母親も思いあまって、受診することにして予約をいれました。ところが、受診を予約した日に、突然子どもが動きだしました。

姉に頼んで散髪し、食事も家族と一緒に取るようになり、談笑することもできるようになったのです。

お聞きすると、この子どものお母さんは、八カ月もの間ずっとコンプリメントをかけ続けていたのです。部屋にひきこもった状態でしたので、顔を合わせる機会が滅多になく、お母さんは子どもがトイレと食事に下りてくるほんのわずかな時間を利用して、コンプリメントをしていたのです。私の話を信じ、子どもを思いやり、続けてくださったお母さんに頭の下がる思いでいっぱいでした。動きだしましたので、支援している私も内心ほっとしたことも事実です。この後、高校受験もでき、現在、定時制高校に進学しています。

2 親に待つ体制を作ってしまう薬の服用

この中学生の場合、仮に受診していたら薬を服用して、その後の高校進学へつながったかどうか分かりません。よほどでないかぎり、私は子どもの心のコップに自信の水を入れることで〝子ども自身が解決の糸口を見つけられるように〟働きかけていくのを支援の原則としていきます。

なかにはすでに薬を服用している子どももいますが、それでも何か不安で相談に来ます。

時々登校するから、お母さんはあと一歩と思っているようです。ところが子どもは薬で登校できていると思っていて、自分の力でとはあまり思っていないのです。

ですから薬に頼ってしまって手離すことができません。「昨夜薬がなかなか効かなくて眠れなかったから登校できない」なんて言って、パソコンやメールに夢中になり、眠れなかったことの言い訳をします。受診してお薬をもらっているから、お母さんも、何も言えません。

はっきり言ってお母さんは、努力しないですっかり待つ体制に入ってしまっているのです。これでは薬に子育てさせているようなもので、親のほうもしっかりと子育てする心構えができあがらないのです。

3 高校での不登校と過去の登校渋り

過去に不登校していても、高校生になり登校を再開する子どもは多くいます。

私は高校のスクールカウンセラーもしていますのでよく経験しますが、コンプリメントをしていなくても、高校で登校するケースが出てきます。

この場合、一年間はきちんと登校して、部活に勉強に、生徒会活動にさえ参加して、学校生活を活発に楽しむ子もみられます。ところが、二年生に進級する前後か、進級後に急速に失速してしまうケースも多く出てきます。今まで通常以上にがんばって、楽しく学校生活を送っていたのに、とても残念です。

この子たちの先生もお母さんも、（本人さえも）何でこうなったか原因をつかめていません。

面接してよくよくお聞きすると、過去に不登校か登校渋りを経験しているケースが多く出てきます。不登校にカウントされない〝適応指導教室〟で過ごした経験のある子どももいます。

この子たちの場合、高校の合格を自分で乗り越えたことで、自信の水を溜めることができた状態で希望をもって入学します。

ところが、自信の水を入れ続ける家庭環境がまだ整っていないと、入学後にしっかりと水が補充できませんから、高校生活のなかでだんだんと水不足になります。そして約一年間で、この水を使いきってしまうのです。ですから私は、保護者に「不登校や登校渋りを経験している子どもには、入学時からしっかりと心のコップに水を入れてください」と申しあげています。

私が支援に入るようになった高校では不登校による退学は出なくなりました。まず、高校の方で別室を設けてくれ、教室に戻るトレーニングをしてくれています。

私はその間、お母さんに面接し、支援の方法を助言するのです。子どもとの面接では、〝近未来のイメージ〟を描き、それに向かってスモールステップで進めるように面接をしています。

自分の夢が語れるようになると、高校を続ける、進路変更するかを自分で決めてもらいます。退学はさせず、子どもに再度、学びの機会を与えることが、スクールカウンセラーとしての役目と思っています。

＊コンプリメントは、その時、その場で具体的に気持ちをこめてすることが大切。

＊一つのコンプリメントを見つけるのは二十秒くらい、残りの四十秒で、コンプリメントを記録する。

＊毎日三つのコンプリメントをノートに記入する。就寝前に記録するよう習慣づける。

＊「記録を見て考える」ことが、親の意欲を高め、お子さんに対する親の勘を鋭くしていく。

Chapter

3

成功事例 こうした支援で再登校をはじめた

私が不登校の子どもたちの支援を開始して六年の月日が流れました。

その中で、これまで数多くの子どもたちが再登校していきました。支援した子どもたちは、時間の長短はありましたが、全員が再登校に成功し、再度の不登校になることはありません。

毎年たくさんの子どもたちが、再び学びの場である学校に戻っていき、充実した生活を送っています。こんな子どもたちの姿を目の当たりにしていますので、私は自信を持ってこの支援の方法をまとめ、みなさんにお勧めしたいと思います。

支援を受けて、子どもたちが再登校していく過程には、ほぼ共通したものがみられます。だからここでは数あるケースの中で、六年間関わってきたAさんと、少し異なった支援をしたBさんとCさんのケースを取り挙げ、再登校までの過程に解説を加えました。

Aさんのケースは典型的な再登校の過程ですので参考になると思います。Bさんのケースは、Aさんのケースとは異なる点もありましたので事例として取り挙げました。

またCさんは欠席日数が三十日に満たない登校渋りのケースです。不登校の予防的な支援を三つのポイントでしています。

Bさんと近似しているケースを最近も引き受けています。数少ないケースですが、二年間の支援で解決の道筋が見えてきたところです。

この三つのケースを参考にしていただければ、ほとんどの不登校の支援が充分にできます。子どもたちが再登校していく過程はほとんど同じなのです。

また最近は不登校の早期支援に入りますので、再登校までの期間は早くなっています。

Case 1

再登校に成功し、演劇部で活躍しているAさん

一回り大きなコップを手に入れ、希望の高校にも入学

1 いじめがきっかけ、中学で不登校となる

高校三年生になったAさんがキッズを尋ねてきました。

「先生、演劇部に入ったよ」「おお、いいね。どんな役をやるの」「大道具係だよ。ノコでがりがりとやるんだよ」

予想もしていなかった演劇部に少々驚きました。中学生一年生のAさんは、いじめをきっかけに登校できなくなりました。小学校でのいじめが、中学校で再び起きたのです。中学校の建物を見るだけで青ざめ、震え、足がすくんでしまうのでした。

あの時の弱々しいAさんの姿は消え失せ、別人に生まれ変わったとしか思えませんでした。一回り大きな心のコップを手に入れたようです。

「このAさんこそが、本来の姿なのでしょう」と、お母さんと喜びあったものでした。

いじめ克服のコツ……相手が期待する反応をしない

いじめがきっかけで不登校になるケースは多いのです。子どもたちは親に心配をかけたくないので何も言わないし、先生に訴えてもかえって問題がこじれる場合もあり沈黙を守ります。

いじめは、相手が特定されない場合も多く、分からない場合は、いじめから逃れようとしても難しいのです。相手が分かっていて先生が指導しても、また別の子どもたちがいじめる側に回ってしまいます。同じクラスなら指導もできるのですが、他のクラスや学年が異なると、先生も指導ができにくくなります。

とにかく、いじめられている本人を強くすること……これしかないのです。この強くする方法がコンプリメントなのです。

最近のいじめは、「いじる」「いじられ」によるいじめが多くなっています。いじられる役の子どもは、その役を降りないかぎりいじられます。周りで見ている子どもたちの中には、他の学校の子どもに、メールでいじられ役の子どもの情報を伝えることもあり、電車通学だと、まったくの見ず知らずの他校の子どもたちも〝いじられ役〟と知っていて、電車内で冷笑を感じながら通学することもあります。

だからこの役から降りるには、学校を欠席するしかなく、これが続いて不登校になります。

いじられ役は、欠席の間に他の子どもに回っていくこともあります。

先にも述べたように、これもコンプリメントによって心のコップに自信の水を入れれば、子どもはいじられても、いつもと違った反応を返せるようになります。ちょっかいを出しても、反応がないから、もういじってもおもしろくない。こんなふうにしていじめは解消していくのです。

2 「闇っ子」のうわさがたつ

Aさんは、中学校入学を機に、新しくやり直そうと考えていました。その矢先、学校内に小学校でいじめられていた噂が広まってしまいました。

子どもたちは、いじめる相手を「害児」とか「闇っ子」と呼んでいます。カウンセラー室などは「闇っ子」の行く所と思っているのです。

「闇っ子」と呼ばれはじめた頃から、Aさんは陰湿ないじめに遭っていたと思われます。その結果、六月からはまったく登校できなくなってしまいました。いじめに対する指導は学校側でもしてくれたようですが、Aさんが再登校することにはつながりませんでした。


Aさんは新入生テストはトップクラスの成績をあげた優秀な中学一年生でした。六月から不登校になり、九月よりキッズでの支援をはじめました。そして三カ月後の翌年の冬休み明けに再登校を開始しました。

その登校後にAさんが神様に宛てて書いた手紙が見つかりました。その手紙には、不登校の苦しみと悲しみが面々と綴ってありました。

偶然見つけたその手紙を読み、お母さんは愕然としたそうです。Aさんの思いに気づくどころか、涙を流しているAさんの腕をつかんで、引きずって登校させていた自分の姿を思い出し、情けなく思われたそうです。

3 初回面接　お母さんに労《ねぎら》いの言葉

私のところにAさんのお母さんが相談に来られたのは九月末でした。不登校になって四カ月が経っていました。その日は、残暑が厳しい日で西日が強く、面接室の冷房の効きが少々悪かったことを覚えています。

私は、不登校の原因を探ることはしません。原因は分かっています。心のコップに自信の水が不足しているからです。また、きっかけを追求しても、過去のことは過去のことですので、今更どうすることもできません。確かにAさんのケースは、「いじめ」が不登校のきっかけとなったことに間違いはありません。ただ、これは不登校の原因とはいえません。だからお母さんには、今のAさんは心のコップに自信の水が少なくなり、動けなくなっている状態であることをお話ししました。

また、不登校の子どもを抱えたお母さんの心労は本当にたいへんなのですから、しっかりとこれまでのご労苦を労いました。不登校も四カ月近くになっていましたので、お母さんの悩みも相当に大きいと感じ取れました。後々にお聞きした話ですが、〝母子一緒に海に飛び込めば、楽になるだろう〟と考えられたこともあったそうです。

「お母さんご苦労さま、よく来られましたね。お母さんはね、とても大変だ。不登校の子どもを持つと、心労が絶えないね。先生に気を使い、カウンセラーに子育てうんぬんを話さないといけない。その上にね、『お前の育て方が悪いからだ。甘やかすからだ』なんて言われてね。そうでなくても嫁の立場は弱いのにね。これでは腹が立つという心境でしょうね。お母さんは一番苦労してるのに、なかなかそのことを誰も分かってくれないし……」

次に私は、こんな声掛けをします。

「この時期によく不登校をやってくれましたね。お母さん思いのいい子ですね」

「会社に入ってから不登校するとどうなりますか。学校じゃないから、出勤拒否かな。何日か後にね、会社から連絡が来てね。『お宅のお子さんには困った。明日から来なくていいから』で終わりです。ところが学校はね、やり直しがきくの。『おいで、おいで』って、別室まで作ってくれて誘ってくれる。不登校はね、『お母さん、私の心のコップに自信の水がなくなって動けないよ』って、子どもがサイン出しているのね。とっても素直な子ですね。こんなにいい子いないよ。上手に育てたことを自慢しなくっちゃね」

私の発した「自慢する」なんて予想外の言葉にお母さんは驚いています。

「そうなんですか」

「そうなのです。よく不登校になった。よし、お祝いに赤飯を炊こう、ってのは言い過ぎだけどね。不登校って、子育てのチャンスなのです。子どもが独り立ちするための好機なんですよ」

「お子さんを自慢しなさい」なんて言葉を久しく聞いていないお母さんは、ここで何だかほっとされます。それに、子どもの心のコップに自信の水を入れればいいっていう解決の処方箋が出たので、笑顔が出てきます。

よし、教えてもらったとおり、心のコップに自信の水を入れてみよう、と元気が出てきます。

「もう一度言いますよ。学生の時だからやり直しが効く。仕事に就いて出勤しなくなったら、それこそたいへん。ここで不登校を乗り越えれば、後々の困難もしっかり乗り越えられるようになります。学生の時に、不登校してくれるなんて、本当に親孝行な子どもなのですよ。きっとよい家庭をつくっているからでしょうね。自信をもたなくっちゃあ。よい家庭でなかったら、不登校もできません。さあ、もう一度子育てをはじめましょう。二回目の子育てをね。今度は独り立ちするための力をつける子育てなんですよ」

私の話を聞きながら、お母さんは、今まで一人で抱えていた苦労を次々に思いだされている様子です。

それに子育てのことで非難されると思って覚悟を決めて私のところにやってきたのです。私はこの機会にお母さんのものの見方、考え方を変えてほしいのです。〝不登校というピンチこそ、子育ての絶好のチャンスだ〟ということをしっかりと胸に刻んでほしいのです。

このようにお母さんのご苦労に共感すると共に、この面接が解決の一歩につながることをお話して初回の面接を終えました。

お母さんご苦労さま

初期面接は、まず、お母さんのこれまでのご苦労に共感します。この本を手がかりに子どもを支援していこうとされている方は、この本そのものが初期面接とお考えください。

ここまで読まれれば、すでに意欲も高まっていらっしゃると思いますので、お子さんのよさを見つけてコンプリメントしてください。記録することも忘れないでください。この記録を取ることが大切なのです。登校するまでは、常にその記録を見直し、いろいろと思いつくことを考えてみてください。うまくいったことや子どものよい動きもメモしておきましょう。うまくいかないことは書かないこと……このことはとても大切です。

4 Aさんの未来イメージ・心のなかをスケーリングする

不登校の相談では、子どもさんが初回から来られることは少ないのですが、Aさんのケースでは、不登校をしている当人への面接を初期から行いました。

子どもさんが来ないケースでは、不登校の子どもが動きはじめた時点で子どもの面接をしますし、会うことなく登校再開していくケースも多いのです。

子どもとの面接では、スケーリングによって状態を数値化し、その数値は「何ができているから、その数値にしたのか」と理由を聞くことからはじめます。そして「一点を上げるためには何ができるか」を具体的に聞きます。こうして、スモールステップで解決できる解決の糸口を自分で探らせていきます。

言葉（スケーリング）クライエントさんの状態を見えるようにするためにを0から10までの段階で表す。

0の状態　0　1　2　3　4　5　6　7　8　9　10　最高の状態

翌日Aさんが面接に来ました。定期的に病院でのカウンセリングを受けてきたので、面接に慣れているような感じでした。

この面接では、Aさんの将来の仕事のイメージを描いてもらいました。

自分の未来イメージを描き、そのイメージをできるだけ具体化することができれば、未来イメージに向かって歩みはじめられます。

ここでAさんは「医療系の職業に就きたい」と未来をイメージしました。その未来イメージを、今の時点でどの程度実現できるよう努力しているかを十段階でスケーリングしました。スケールは、2でした。いきなり10をねらうことは難しいので、1ポイントだけ上げるには今何ができればよいのかを探るようにして話を進めていきました。

Aさんはまず、学校へ行けなくても勉強を続けることを、一歩進めるための目標としました。キッズで勉強したいとの希望があったので、まずは学習の様子を観察することにしました。

Aさんの能力の高さもあり、学習支援は順調に進みました。少し気になったのは、自分で調べず、すぐに質問することです。今までこうした勉強のスタイルをとっていたようです。

◉生活リズムが乱れた中での「描画テスト」

Ａさんは支援をはじめたにもかかわらず、次第に昼夜逆転の生活にはまりこんでいきました。深夜、何も映っていないテレビをじっと眺めたり、パソコンやインターネットにのめり込んでいきました。

再登校の気配もなく、だんだんと生活リズムがおかしくなっていくのです。心配した祖母が声をかけると、突き飛ばされそうな勢いでドアを閉められたこともありました。キッズで多弁にふるまっている昼間のＡさんとは、まったく別の姿が家では見られたのです。

この時期に描画テスト「雨の中の私」をしました。Ａさんの絵は不登校の子どもたちがよく描く顔のない〝棒人間〟でした。このテストから、Ａさんの自信のなさがはっきりと浮かび上がってきました。心の中のコップから、自信の水がなくなりつつあるのは明らかでした。

◆「描画テスト」で心の中を見る◆

私が用いているのは、ほとんどが描画テスト「雨の中の私」です。このテストは子ども観察を補助するために用います。テストが先でしたら、それに合わせた観察しかできなくなります。保護者に子どもの心の中を説明するにも、このテストを示せば理解しやすくなります。雨はストレスを表しています。

▼面接開始時

不登校の子どもの描く体のない人物、ストレスから保護してくれる傘もありません。

▼再登校後半年経過時

顔と体が描かれ、表情も出てきました。コンプリメントにより、保護してくれる傘もできました。

Aさんの昼夜逆転の生活は続き、部屋の中の掃除さえしなくなりました。キッズに来る時は、きっと残り少なくなった心の中のコップの水を、必死の思いで使っていたのでしょう。

私はそんなAさんに勉強の楽しさを知ってもらおうと、社会科の校外学習にも誘いました。Aさんは、別にいやがりもせず、古墳巡りや郷土資料館の見学をしていました。

今思うと、この時は心ここにあらずの状態だったのではないかと思えます。

キッズでの学習支援

子どもに関することを家庭に委《ゆだ》ねていくと、結果として、家庭に子育ての力がついてきます。

最近の不登校支援のケースでは、ここに登場するAさんや次に登場するBさんのケースよりも、早く再登校につながるようになっています。そして登校再開後のメンテナンスも自然とできています。

キッズを利用するのは、親によるコンプリメント環境が整った後か、あるいは再登校の後に、必要に応じて学習支援をしています。その目的の一つは、模擬教室として子どもたちとの学習生活に慣れ、早く学校に適応するためのリハビリの役目を果たしていると考えています。もう一つは、学校生活での楽しみに気づいてほしいことです。

キッズは、学年や学校を越えての交流ができる、一時間か二時間の共同生活なのです。子どもたちは、自分でつくったお菓子を持ち寄ったり、休み時間にゲームをしたりして楽しんでいます。この間にスタッフからはコンプリメントを受けています。子どもたちは、「キッズは、小さいけれど学校だね」と話しています。

最近は、過半数の子どもたちが学習塾として利用していて、学習指導にもコンプリメントを使うものですから成績も上がり、人間教育の場としての評判も高くなりつつあります。

昼夜逆転生活は不登校の底

Aさんのように、不登校の子どもたちの大多数が、昼夜逆転の生活とパソコンやメールなどのインターネットにのめり込んでいきます。そして生活態度の乱れとともに目つきも変わり、親とのトラブルも多く、別人格になったようにさえ感じます。

ネットを切ろうとすると暴れたり、自傷行為や器物破損にまで及び、部屋の壁が穴だらけになることもあります。親も生傷が絶えません。

私はこうした子どもの状態を「不登校の底」と捉えています。このような状態は、多かれ少なかれ、ほとんどの子どもにみられます。

子どものよさのコンプリメントをし続け、自信の水を入れていくことによって、このような状態から、子どもたちは生活を再生し、不登校の底から上がってくるのです。これには時間がかかります。

劇的変化はなくても根気よくコンプリメントしつつ待たなければなりません。

多くの親たちは、このあたりで不安を感じ、コンプリメントできなくなります。しかし、親とのトラブルとコンプリメントすることは分けて考えなければなりません。どんなことがあっても一日三つのコンプリメントを続けることです。

5 祖母はAさんの大切な資源と気づく

Aさんの状態についてはキッズのスタッフと何度もカンファレンスを重ねました。

その中でコンプリメントのありかたを見直してみようという結論になり、厳しく接する祖母の意識を多少なりとも変えることが、新しい展開につながると考えました。祖母の言葉は、Aさんを思うあまりの表現であることも、お母さんから聞いていましたので、たとえ意識を変えられなくても、コンプリメントに協力してもらえればラッキーだと思えました。

祖母との面接をすることとなりました。祖母は、すんなりとキッズに来てくださいました。これでAさんへのコンプリメントはうまくいくと希望をもちました。

祖母はたいへん几帳面な努力家の方です。昼夜逆転の生活をしている孫のAさんを理解できません。そこで、なかなか学校に行こうとしない孫を叱咤激励してきました。その気持ちも分からないわけではないのですが、この状態の中では適切とは感じられませんでした。

そこでこのAさんへの言葉かけを少々変えていただくことにしました。お母さんに説得してもらうことにしましたが、実の母親でしたので、とても困難がありました。親子げんかになってしまうのです。ここで幸運だったのは、母親がAさんを理解してあげていることでした。このすばらしい愛情深い母親がいたからこそ、Aさんは自らの力で再登校を果たせたのだと思います。

私の前で、涙を流して孫のことを心配している祖母を、しっかりとコンプリメントしました。

◉じっくり耳を傾け、祖母の思いを聞く

祖母との面接では、Aさんの支援に利用できるものはないかと祖母の持つよさ（リソース）探しをしました。祖母の表情や様子、言葉のイントネーションなどを丹念に観察していきました。責められるかもしれないのに、すんなりキッズに来てくれたことは、とても大切な祖母のよさなのです。これは多いに利用できます。

私の面接では原因追求しませんから、誰も責めません。笑いながら、泣きながら面接し、最後は何をすればよいのかに気づいてもらい、安心して帰っていただきます。

「肩の荷が下りる」という言葉があるでしょう。面接が終わると誰しも肩が下がるのですね。よく言われるのは、「先生に元気をもらった」といううれしい言葉です。面接時刻に遅れたけれど、「せめて十五分でも話をしたい」ってやってこられる方もおいでです。

こんな調子の面接ですので、祖母は、それまでの思いの丈をしっかりと話されました。面接時間の半分の四十分くらいは祖母の独り舞台でした。観客となった私は、目を開き耳をそばだて、大袈裟《おおげさ》に合いの手を入れていきます。

「そんなたいへんな中で、よくお孫さんのことを心配されていますね」

「おばあちゃんは、そんなご苦労の中で勉強されたのですね。お孫さんもなかなか能力が高いですよ」

「おお！　とても私にはまねができない。すごい力をお持ちですね。それから……」

なんて、コンプリメントを合いの手に使っていきます。傍で聞いていると、かけあいの漫才みたいでしょうね。

祖母の独演会が終わる頃を見計らって、次の場面展開に持ち込みます。

孫のために今後の方針を話し合う

祖母が安心した時点で、Aさんのよさ（リソース）探しとコンプリメントの説明をはじめます。面接では、よさを「売り」という言葉を使って説明しています。

「おばあちゃん、お孫さんのAさんの〝売り〟つまりよさってなんですか」

「三つ言えますか」

祖母はちょっと考えています。

「そうねえ、Aの売りですよね。Aはけっこう賢い子なんですよ」

「なるほど賢いのね、おばあちゃんに似ていますね。賢いのですか。どんな時にそれを感じましたか」

「新入生テストは、全校で八位だったのです」

「すごいですね。なかなかそのような順位は取れませんよね。しっかり褒めましたか」

「たぶん褒めたと思います」

「なるほどね。ほかにありますか」

と次々にお聞きし、具体的に話してもらいます。Aさんの売りを探してもらいながら、実のところ祖母には、もう一度、Aさんがどのような子であったかのとらえ直しをしてもらっているのです。

「よく見てらっしゃいますね。よいところをたくさん持っているお孫さんですよね。少しでも早く学校に戻してあげたいですよね。おばあちゃんの協力があれば、それができるのですよ」

祖母は、しきりにうなずいています。

「おばあちゃんにはAさんを学校に戻す力があります。私はね、おばあちゃんのお話に感動しました。それほどまでにAさんのよいところを見つけていらっしゃるのですね」

涙を流して孫のことを心配している祖母を、しっかりとコンプリメントしました。

少し間を空けて、ゆっくりと祖母に語りかけます。

「でもね、このままじっと待っていても登校しませんよ。このままずっと家にいるかもしれませんよ。Aさんが四十歳を過ぎてもね。ひきこもりになっちゃうかも」

と少々脅してみたりもしたり……。

「先生、どうしたらいいのです」

祖母は、話に飛びついてきました。

「おばあちゃんなら簡単にできますよ」

「そうですか」

「おばあちゃんが今言ったこと、つまりAさんのよいところを、一日三つ見つけてね、言葉で返して、返したAさんのよいところを、この紙に書くだけでいいのですよ」

「それだけですか」

「それだけです」

「Aさんの心の中には自信の水の入ったコップがあると考えてください。Aさんは、この自信の水を使って学校生活を送っていました。ところが、いじめに遭ってね、たくさんの水を使ってしまったのです。家庭で水を入れてもらっているのに、その水でも足りなくなってしまったのです。だから、とうとう動けなくて不登校になった。いじめのことも、学校がいろいろとしてくれて、いじめた当人も謝りに来たのですよね。それでも登校できないのは、自信の水が足りないのです。おばあちゃんがAさんのよいところを見つけて気づかせてあげれば、それが自信の水となって心のコップに入るのですよ。溜まれば動きます。だから、これをやってみませんか」

「できますかね」

「簡単ですって。褒められて病気になることはありません。ただね、この方法を信じなければなりません。心を込めてAさんのよいところを見つけて言葉にしてください。やれますか」

「やります。孫のためですから」

ここまでくるとほとんどの方がやる気になっています。更にこれまでの成功例を具体的に例を挙げて説明します。最後にコンプリメントを書き込む記録用紙をお渡しします。

「ここにね、その日に見つけてAさんに返したコンプリメントを三つ書きます。その時の様子でいつもと異なって何かうまくいっていると感じたことに気づいたら、書きましょう。気づいたらでいいですよ。条件はね、Aさんのよいところですよ、それを見つけたら、その時、その場で具体的に言ってあげてください。世界一幸せなおばあちゃんとしてね。少々大袈裟に〝うれしい〟をつけ加えるのを忘れないでくださいね。そして、寝る前にこの用紙を一日一枚書いてください。まず、二週間がんばってみてくださいね。この記録用紙にお孫さんの将来がかかっているのかもしれませんからね」

祖母による声かけのはじまり

人の悪いところを見つけることは案外簡単にできますが、よいところを一日三つとなるとじっくりとその人を観察していないと、なかなかと見つかりません。

ましてAさんが昼夜逆転していて部屋から出てこないとなると、いつ、よさを見つけてコンプリメントできるのでしょうか。考えられるのはトイレに行っている間、ご飯の時、キッズへの送り迎えの時間などでした。（お母さんは夜勤の仕事をしているので、祖母が送り迎えをすることが多くありました）。これまではキッズに来る車の中で2人は無言でしたが、その日から祖母は必死の思いでよいところを見つけて、たどたどしく声をかけはじめたのです。

Aさんの反応がなくても諦めず、それも笑顔で話しているのです。

今まで、どちらかと言うと、気のむくままに口をはさんでいたのですから、祖母の努力は並大抵でなかったと思います。

でも、私は祖母はやり遂げると思っていました。最初に言いましたように、すんなり面接に来てくださったし、Aさんの「売り」も具体的に挙げられたからです。何より「人はこうあらねばならない」と正論を言う人ですから、自分も決めたことは実行すると思われました。これまでそのように努力して生きてこられたのでしょう。それが、祖母のリソース（資源）なのです。

◉二週間の記録を持参した祖母との面接

二週間後、祖母はコンプリメントシートを持参しました。思ったとおり毎日きちんと記録されていました。

「おばあちゃん。これだけきちんと書けた人はいないですよ」

「先生、なかなかたいへんでした。よいことを探してもないのですよ。それでも三つは何とか探して書きました。夜、寝る前に一杯やりながら書きましたよ」

「おお、いいですね。楽しいでしょう」

「書いていくとあの子が不憫でね。あんまり叱れなくなりましたよ」

〝しめしめ、うまくいっている〟

よいことを言ってもらうことはもちろんですが、おばあちゃんの口数の多さを減らすのもねらいの一つでした。それに孫の観察がよくできているから、そのうちにコンプリメントが普通に使えるようになると信じていました。

「そしたらね、おばあちゃん。一日目からどんなことをコンプリメントしたか読んでくれますか」

こうして、コンプリメントを記入したシートを基にしてAさんを見直していきます。

「最初ね、キッズに行く車の中でね。『学校に行ってないけど、キッズに行ってよく勉強しているね、すごいね』って言いました。でも、何の返事もしなかったので、私ね、心の中で、ちょっとむっとしましたよ」

「でも、『言わなかったのね。オッケー、オッケー！　だけど、おばあちゃん、『学校に行かないけれど』は言わないこと。これって、褒め言葉じゃないから、聞くほうは嫌でしょう。人の嫌がることは思っても口に出さないでね。あるいはね、学校に行っても行かなくても、Aは勉強が好きなんだね、っていうふうに逆に認めるのです。これがコンプリメントの原則なんです」

「それにむっとしたけれど何も言わなかったのは、コンプリメントでは大切なのです。おばあちゃん、よくやりましたね。さすがです！」

こんなやりとりをしながら、二週間のコンプリメントをお聞きしました。このようにして、その都度コンプリメントの仕方を直していきました。

祖母をAさん専属のコーチとしてトレーニングしているのです。

「じゃ、次の二週間もがんばりましょう。次はね、コンプリメントの最後に『力がある』という言葉を入れてみてください。力ですよ力！」

「Aのためですよね。やりましょう」

こうして、祖母からのコンプリメントが続くことになりました。一方ではお母さんからのコンプリメントも続いています。

こうしてAさんのコンプリメント環境を整えていきました。

6 幼い状態に返るのは、育ち直しのはじまり

こんななかで、Aさんは毎日キッズでの学習を続けていました。

ある日、来て早々、キッズを飛び出すように帰宅しました。家までは、八キロの道のりで、簡単に歩いて帰れる距離ではありません。車で後を追い、戻るように話しかけましたが、まったく聞く耳を持たない状態です。十二月の夕暮れでしたので、あたりはすっかり暗くなり、ヘッドライトを点灯した車も多くなりました。交通事故の心配もありましたので連れ戻すことをあきらめ、祖母に連絡を取り、後をお願いしました。

私の思いに反し、Aさんは翌日もキッズにやってきました。

このとき、もしかしたら、これはAさんに変化が起きつつあるのかもしれない、という予感が私に走りました。

後で話を聞くと、とうとう八キロを歩いて帰宅したそうです。筋肉痛の足を引きずっていましたが、何か自慢そうに聞こえたものです。

祖母の協力もあり、家庭でのコンプリメントの環境も整ってきたこの時期に、母親は、〝Aさんがテレビを観てよく笑うようになった〟と記録に残しています。ただ、番組の内容が「お母さんといっしょ」や幼稚園児の観るようなアニメなのです。中学生が観る番組とはほど遠く、何か幼くなったような感じを受けていたのです。

その後、Aさんに大きな変化はみられず、昼夜逆転生活は一進一退でした。

◉子ども返りや親の反応を試す子どもも現れる

コンプリメントを開始し、しばらくたつと子どもが急に幼くなったり、子どもに親が試されたりすることが起こります。

幼い子どものテレビ番組やDVDを熱心に観るようになった子ども、親の膝によりかかってくる子ども、中には母親の体内に戻り、羊水に漬っているように、十二時間以上風呂に漬かる子どもも見られます。親と一緒に寝る子や母親のお腹に頭を乗せて、「今生まれたよ」と誕生した場面を演じる子もいます。幼い頃遊んだ玩具を持ち出し一日中遊びだす子、赤ちゃん言葉で母親と話をする中学生や高校生、母親の指をくわえる中学生。例を挙げたらきりがありません。年齢に関係なく、コンプリメントを開始すると、このような幼い状態になってしまうのです。

私は、こんな状態を「子どもたちが育ち直しをはじめた」と考えています。

このようなことはしばらく続きますが、コンプリメントを継続していくと、いつの間にか消えていきます。


もう一つ、コンプリメント開始時によく見られるのが、子どもが親を試してみることです。

それまで自分が承認され、愛された実感が希薄だったために、本当に親に認められているのかを試しているのです。

例えば、無理難題を押しつけてきて、真夜中に「お寿司が食べたいから買ってきて」と言い出す子、「そんなことを言っても、勉強はしないよ」と言う子もいる。インターネットを切った後に交換条件のように「インターネットをつないでくれたら登校するよ」と条件を出してくることもあります。

だから親の対応として、幼くなるのは「変化のきざし」と考えればいいのです。試されることについては、できることは聞いてあげればいい。しかし、できないことはきちんと理由を説明して断ることです。それ以上は売り言葉に買い言葉になるので、子どもの話にのっていってはいけません。幼い状態が出てくれば、コンプリメントの効果が出てきた証拠だと思って、今後に期待しましょう。

昼夜逆転の生活に浸り、インターネットへの依存などの乱れはあっても、Aさんがキッズに通い続けていることが変化の兆しなのです。

7 共同行為……親子で共に動くことで再登校の力を培う大切な時期

子どもたちの状態は、一歩一歩階段を上がるように回復することはありません。心のコップに水が溜まって活動のスイッチが入るまでは、ほとんど変化に気づくことができないのです。これはすべてのケースで共通して見られることです。

コンプリメントしても明らかな効果が見られないこんな時期に、あきらめてしまうお母さんも出てきます。

ある日、不登校の子どもの面接で大切なことに気づきました。これまでしっかりと掴みきれていなかったコンプリメントから登校までの過程が、はっきりと私の中に見えてきたのです。

実は、この時期に子どもは解決の糸口を探っているのです。その動きは、直接不登校を解決するようなものとは限りません。

子どもは、親と共に動くことで再登校するための力を培っていると考えられます。

それは、一緒に散歩をすることかもしれませんし、一緒に料理をすることかもしれません。不登校についての討論かもしれませんし、登校後の不安を話すかもしれません。子どもによって様々なのです。それが繰り返されます。

日常の当たり前の親子の生活ですが、これをおざなりにしてはいけません。「もし〜するなら〜してあげる」というような駆け引きをしてはいけません。

コンプリメントによって親子の信頼関係はできつつあるのですから、意見を求められれば、親としてのものの見方、考え方、行動の仕方を示していけばよいのです。難しそうですが、日常生活を親と子で共に考えて過ごしていけばよいだけなのです。

何よりこの親と子の共同行為は、子どもに的《まと》を得たコンプリメントができます。再登校に直接つながらない日常の生活だけに、親の不安な時期でもあるのです。この親子でする共同の行為は、子どもが幼い頃に必要としたスキンシップと同じと考えられます。思春期の子どもには、特に大切なのです。これをなくして再登校はありえないのです。

8 ほとんどの子どもが電子中毒にはまる

私はAさんの生活からネットを遮断することが必要と考えました。お母さんと話し合って、テレビやインターネットの時間を守って使用しなければ、数日間、使用禁止するように助言しました。つまり、Aさんとネットの使い方について約束をし、破ればペナルティーをつけます。こうした契約は、何事も最初にしておかなければなりません。これは不登校の子どもへの接し方のポイントです。

当然のごとく、約束は即日破られました。ペナルティーも守りません。

そこでお母さんは、テレビの電源コードを修理できないように元から切断しました。深夜に放送終了後の白く光っている画面をじっと眺めているAさんの姿を見て、このままではいけないと思ったのでしょう。家族もテレビを観れなくなるのを承知で電源コードを切断したのです。お母さんの決意をうかがい知ることができました。

この毅然としたお母さんの態度は、後々いろいろな局面でAさんを救うことになりました。これもお母さんの持っているリソースなのです。

母親が仕事をやめて家にいても、子どもに変化は起きない

時間がたち、大きな変化が見られないと、仕事をやめて子どもに寄り添うことが必要と考える母親も出てきます。

私は、基本的な生活を変える必要はないと考えています。子どもは自分の置かれた環境の中で再登校しなければなりません。親もその環境の中で子育てをするのが基本です。

Aさんのお母さんも、転職を考えられましたが、私はお勧めしませんでした。もしも

あの時転職していたら、今は後悔していただろうと思っています。最近のケースですが、仕事をやめられて不登校の子どもに寄り添った方がいました。四六時中、子どもと一緒にいると、リソースを見つけるどころか互いにストレス状態になり、再び職に就かれました。

◉電子麻薬の禁断症状

Aさんはテレビがなくなると、今度は母親の仕事用のパソコンで、インターネットにのめり込んでいきました。インターネットをすることによる快感を楽しむ電子中毒状態といえます。寝る間を惜しんでインターネットをするのです。どのようなネットの使い方をしていたのかは分かりませんが、誰かとメール交換をしているようでした。おそらく同じ境遇の子どもたちが、ネットでコミュニケーションを取っているのでしょう。深夜にネットをしますので、昼夜逆転は直りません。とにかく生活リズムをつくろうとしたのですが、自分の力でパソコンを切ることはできない状態でした。

そこで母親がパソコンを職場に持参することにしました。パソコンがなくなってからの三日間は、母親や祖母が仕事に出かけると家中を捜し回ったそうです。それこそ、こんなところまで開けて調べたのかと思われるほど必死で探したそうです。私は、この状態を「電子麻薬の禁断症状」と呼んでいます。

不登校の子どもたちのほとんどが、テレビ、ビデオ、DVD、ゲーム、パソコン等の電子機器にのめり込んでしまいます。電子機器が不安を解消してくれる作用をしているのではないかと考えています。それから離れると不安定になるのです。

一度はテレビ、パソコンなどの電子機器からAさんを遠ざけましたが、次に家庭電話の機能を使ってメールをする始末です。そんな機能をどうして知っているのかと思うのですが、メールをしたい一心で調べるのでしょうか。あるいは、ネットでその情報を得ていたのかもしれません。また、母親の携帯電話を持ち出すこともありました。これらの機器もAさんから遠ざけました。

◉機器の切断時期の見極め・親の踏ん張りが重要

電子中毒という言葉はありません。しかし、多くの不登校の子どもたちのケースで、携帯電話、パソコン、ゲーム、テレビ、ビデオなどの電子機器を一日中しているといっても過言ではないでしょう。ある種の内分泌系から快感物質が出て脳をマヒさせているのかもしれません。運動とか読書に熱中する不登校の子どもは皆無です。

そして、この電子機器からの切り離しがたいへんです。暴力に訴えてくる子、自殺をほのめかす子など、あらゆる形で抵抗してくるのです。

そのうえ、こうした電子機器を切ると、電子中毒の禁断症状が出るのです。

私は、「三日ほど大暴れしますよ。子どもの気がふれたように感じますよ。子どもも親も苦しい、それに耐えないといけないですよ」と言って予告しておきます。

「ネットカフェへ連れていけ、インターネットをつなげろ。そうしないと飛び降りるぞ」なんてことは日常茶飯事なのです。飛び降りるふりをして、親の反応を試しているのでしょう。私は、こういうことを事前に説明しているから、「先生の言っていたとおりだ」と親も乗り越えられます。

このように面接では、ネットを切ると子どもがどのような状態になるか、事前に話しておき、そして時期を見計らって一気に遮断するのです。

親はここでも子どもが暴れるのは分かっているから、その心の準備ができています。

しかし、聞くと見るとは大違いで、実際に自分の子どもの目つきが変わり、それこそ白目をむいて迫ってきたり、車のフロントガラスを壊したりと、あらゆることをして驚かしてくれます。でも三日間をがんばれば落ち着いてきます。

落ち着くと、次は「登校するから」とか「今度は絶対に時間を守るから」というような好条件を出してきます。ついついそれに乗ってしまうと、子どもの思う壺に入ってしまいます。

ここは「だめなものはだめ！」と踏張るところは踏張って、親を操れないことにきちんと気づかせることが大切です。ここで子どもに負けて、ネットをつないだり、携帯電話を買ってやったりしてしまうと、再び居心地の良い不登校生活に逆戻りしてしまいます。

とにかく電子機器を断ち、〝不登校は退屈でつまらない〟と子どもが思わないことには、登校への動きにはつながりません。

電子機器を切るときは、親によるコンプリメントがきちんとかけられるようになり、心のコップに水を入れる環境が整っていることが重要なのです。切るだけでなんとかなることは、絶対にありません。

Aさんへの支援を開始し、三カ月ほどたちました。その年の大晦日の夜のことです。キッズの駐車場は北風に粉雪が舞い散っていました。街路灯の青白い光の中で、うなだれ長い髪で顔を隠しているAさんの姿を見たときは、この先どのようになるのかと不安になりました。私さえ不安でしたので、母親の不安はどれほどだったでしょう。目に見えて状態が好転しないにもかかわらず、お母さんと祖母は、私の言葉を信じてコンプリメントをかけ続けていたのです。

9 突然の再登校と再度の不登校への不安を抱えて

キッズの新年は七日からはじまります。その日の朝早く母親から電話がありました。

「先生、Aが登校しました」

「登校した?」

「そうなんです」

「学校へ行ったのですか」

「一時間目の途中に行きましたよ。車で送ったけれど、とにかく登校しました」

私は、コンプリメントをかけていけば、解決の糸口が見つかり、必ず登校につながると確信を持っていました。しかし、一週間前の大晦日の状態を見ていましたので、半信半疑で電話に応えていました。

あの夜から、わずか一週間後に登校するとは、予想すらできなかったのです。ただ、キッズで勉強することを拒否したことはありませんでしたので、春には登校を再開するだろうと思ってはいました。

とうとうAさんの心のコップに自信の水が満ち、活動のスイッチが入ったのです。母親と祖母が毎日、根気強く続けてきたコンプリメントが、Aさんを登校へと導いたのです。

母親や祖母にとって、お正月明けの登校はまさに奇跡だったと思います。お正月に神様がくれた大きなお年玉だったのかもしれません。

◉再登校した子どもたちは一時的に弾けた状態になる

この日を境にして、私はAさんに変化が起きていることに気づきました。同学年のTさんと意気投合し、二人はおしゃべりに熱中しています。その頃、キッズでは、何人かの不登校の子どもたちを受け入れていました。この二人のおしゃべりは、静かに自習している子どもたちへの迷惑をまったく考えていないのです。何度か注意しても、その言葉に耳を貸そうとしませんでした。

何か今までと違って、閉じこもっていた殻から弾けたような感じなのです。あの鳳仙花《ほうせんか》の種が弾けて飛んでいくような、そんな状態なのです。

Aさんはおしゃべりで不安を紛らわそうとしていたこともありますが、解放され弾けた状態になっていたと思われます。この弾けた状態は、子どもによってさまざまです。

授業が終わり下校途中に寄り道し、夕方の町を徘徊する子もいます。午後三時か四時に授業が終わると、そこから繁華街や駅などを、町で知り合った子どもと夜の九時、十時まで徘徊します。繁華街で知りあう仲間もいて保護者は不安になります。

不登校の時は徘徊しないので、一人にしておいても安心でした。しかし、再登校し弾けた状態では危険が伴ってきますので、不登校時期を安心して懐かしむ保護者の方も多いのです。

キッズでは、この弾ける状態をあらかじめ説明しておきますので、保護者は心構えができ、早めの対応がとれます。子どもには今の状態をきちんと説明し、子どもを諭さなければなればなりません。叱りつけるのでなく、心のコップの水を減らすことのないように上手に接するよう心配りをしましょう。

この間、記録はともかくコンプリメントの継続は絶対に必要です。

あるお母さんは、

「不登校時より再登校したときが、たいへんです。心配が増えました。コンプリメントをかけようにも、注意するほうに目がいってしまいます」

と言っていました。

さまざまなコスプレをする子もいますし、メイクに夢中になる子もいます。この弾けた状態は一回で終わる子もいれば、進学などの大きな環境の変化により、再度弾けた状態になる子もいます。Aさんも高校進学後の二カ月ほど弾けた状態となり、お母さんを不安にさせてしまいました。しばらくすると落ち着いて、自分の生活を取り戻してくるので、心配することはありません。

再登校したことでAさんの祖母は、すっかり上機嫌になっていました。その気持ちも分からなくもありません。毎日コンプリメントの記録を書いてきた祖母の努力の結果の成果に間違いはないのです。ただ母親は、再度の不登校がまた起こるかもしれない、との不安を抱いていました。お母さんは、Aさんへのいじめのことも気がかりでした。

「現状を維持するためにも、毎日のコンプリメントを欠かさないでおきましょうね」とお母さんにお話しました。

◉再登校後はやっとつかまり立ちした状態

再登校後にも三つのポイントを忘れず使ってください。記録は必ずしも取る必要はありませんが、子どものよさをコンプリメントすることは、後々も続ける必要があります。子どもが再登校すると相当量の自信の水を使うと考えられますので、これを補充していかなければなりません。また、心の中のコップをもっと大きくしていきたいですし、自分の力で自信の水を入れられるように子育てしなければなりません。

Aさんはまだやっとつかまり立ちした状態なのです。再登校した子どもはまだまだ自分で歩けるとの見通しがつきませんから、メンテナンスが必要なのです。二本の足でしっかりと立ち、歩みはじめられるように、充分に力を注いでやってください。

その後Aさんは、二月に入ると遅刻が多くなってきて、登校したとしても保健室にいることが目立つようになってきました。

担任の先生が学級への指導をされていましたので、表立ってのいじめにつながることはありませんでしたが、「不登校していたのでクラスや学校に、自分を受け入れてもらえない雰囲気を感じとっている」と母親に言ったそうです。

10 物語づくりで再登校した自分の力を確認

再登校に際しては、本人と面接をして「これまで自分の力でやり遂げたこと」を整理していきます。私は、これを「本人が主人公の物語づくり」と呼んでいます。

これを面接の中できちんと作りあげておかないと、Aさんが「自分の力で不登校を乗り切った」とのはっきりした意識にはなりません。「自分の力でなしとげた物語」にしなければ、再度の不登校につながりやすいのです。現在はこれを母親にしてもらうこともあります。

私は高校のスクールカウンセラーもしていますが、一年生の後半や二年生になって突然に登校しなくなる生徒の相談を数多く受けます。ほとんどのケースは、別室登校をしていた中学生や小学生時に強制的に登校させられた子どもたちです。自分の力で乗り越えたとの実感がないために、高校で失速していきます。生徒会の役員の子どもでさえ、再度の不登校になっていくのです。

11 転校・母親にはじめての相談

二月の中旬になると、Aさんは登校しているだけの感じになってしまい、部活や友人との交流など、中学校生活になかなか溶け込んでいけない状態が続くようになりました。

そこで「誰も知らないところでやり直したい」と母親に話をするようになりました。こんなふうにAさんが、自分の悩みを母親に相談したのは、はじめてのことでした。

これはコンプリメントがとてもうまくいっていることの証《あかし》なのです。親子関係が作り直され、相談（共同行為）ができるようになったことに少しほっとしました。

「Aさんが転校したいとの望みを持っていること」を母親から相談を受けたとき、私は賛成しました。

一旦、不登校は自分の力で乗り越えていますので、転校しても再度不登校にはならないと確信していたのです。お母さんは不安を抱いていましたが、私は自分で転校すると決めていることなので、転校先でも不登校になることはないと、転校を勧めました。

お母さんは、「いじめによる転校」の手続きをしました。転校先の学校にも母親と共にお願いに行き、これまでの支援の内容を説明し、学校での受け皿づくりをお願いしたのです。

思ったとおり転校後、Aさんは一度も不登校にはなりませんでした。一年間の学力の遅れも取り戻し、希望した高校に進学できたのです。

進路変更のケース

中学生で転校して再出発したのはAさんのケースのみです。

高校生の不登校の場合は、出席日数が不足してくるので留年してしまいます。高校生は留年が刺激になって登校するケースもありますが、年下の子どもたちと同じ学年になることには抵抗があるようで、ほとんどは通信制高校や定時制高校への進路変更となります。

12 別人のように生まれ変わったAさん

高校入学後もAさんは、不登校の気配をまったく感じさせませんでした。

友達もでき、アルバイトもはじめました。弾けてしまうほどの状態だった高校入学時では想像もつかないくらい落ち着いてきました。時々さぼって早退するほどのたくましさも身についてきました。

◉不登校の記憶は、霞がかかったような状態

大学進学後、Aさんから不登校時と再登校した後の生活の様子を聞くことができました。すると不登校期の記憶は、ほとんど断片的な事柄しか覚えていないと答えました。

例えば、長時間歩いて帰宅した翌日の筋肉痛などを思い出すことはあっても、引きこもり状態の記憶はほとんど残っていなかったのです。だから大学入試の自己推薦文に不登校を克服したことを書こうとしたけれど、文章にはならなかったのだそうです。

不登校と再登校の境目も分からないのです。ですから、克服したとの意識もなく、自然と現在の生活になっていったと言います。

再登校後の学校生活は、少しは思い出せるのですが、それもフィルター越しに見るような霞がかかったような状態なのだそうです。記憶がはっきりしてきたのは、高校生活がはじまってからだと言います。

再登校した他の子どもたちに聞いてみても、同様に記憶がほとんど残っていません。誰

かに助けられたとの記憶もなく、ごくごく自然に現在に至ったと思っているようです。

子どもは不登校から抜け出すという意識でなく、成長につれて自分が自然の成りゆきで再登校していったと認識しているのです。

赤ちゃんがはいはいして、つかまり立ちして、成長していくように、まさに不登校を経験するなかで、子どもも親と一緒に自然に成長していったのでしょう。

誰かに支えられてつかまり立ちをするのであれば、その支えがなくなれば、立っていることはできません。不登校も同じで、心のコップに自信の水を入れる意図的な子育てをしていけば登校するのです。心のコップに自信の水を入れることで、大脳神経系のつながりや身体機能が高まり、自然と登校していくのです。

まさに第二回目の子育てそのものがここでみられます。

Case 2

七年間の不登校から再登校したBさん

キッズで直接本人を指導し、他の子どもと交流してもらう

1 初対面・小二の担任とのトラブルがきっかけ

Bさんが家族に付き添われてキッズに来たのは五月。緑が鮮やかな季節だったように記憶しています。

話を聞いてみると、小学校低学年時に、担任の先生とのトラブルがきっかけで、登校しなくなったとのこと。これまでいろいろな公的機関や病院、不登校の親の会などあちこちで相談して回ったそうです。そして親の会でキッズのことを聞き、おみえになったのです。

小学校六年生になった今は、登校したり、しなかったりの生活で、学校に行っても教室に入らず、廊下や保健室で過ごしているといいます。

面接の日は椅子に浅く腰かけ、足を投げ出し、斜に構えて天井を睨《にら》みつけて、一言も話

さずに帰っていきました。とても小学生とは思えない態度でした。このBさんの態度は、私には「誰も信用しないぞ」のメッセージのように感じられました。

キッズの支援を受けたいとの、家族のお気持ちも分かるのですが、「Bさんがキッズに来てもよいと思わないかぎり、支援を開始することは難しい」とお伝えしました。

◉Bさんへ直接の支援の必要を感じる

現在、キッズでは、不登校している子どもに会わなくても再登校できるように、保護者支援をしています。しかし、このBさんのケースは、保護者の子育てを調整するよりも、直接本人を支援していく必要を感じました。

しかし、Bさんはその後キッズには現れず、お母さんと定期的に連絡を取りあうだけになりました。その数カ月後に小学校で先生とトラブルが起こりましたが、そのトラブルの内容をお聞きし、再登校につなぐ解決の糸口を見つけるのに相当時間がかかるような気がしました。

キッズに来ない状態で、私のできることは、お母さんのお気持ちを少し楽にすることとしかできなかったのです。こうして一年が過ぎ、中学校への進学の時期を迎えました。

ご両親がそろって中学校に出向き、これまでのBさんのことをお話され、配慮をお願いしたということでした。

2 再度のキッズ来所と私への信頼

五月の連休も明けた日曜日でした。中学生となったBさんがご両親と一緒にキッズに来ました。

一年前の態度とは大きく異なって、斜に構えたあの態度はすっかり消えていました。

ご両親の話では、中学入学後、登校はしたものの、連休前から欠席が続いているとのことでした。

私はBさんに、

「しばらくここに来て、ここが君に合っているかどうかを試してみないか。合っていれば来ればいいし、無理だと感じたら来なくていいからね」と声をかけてみましたが、返事は返ってきませんでした。そしてこの日はとうとう無言のまま帰ってしまいました。

私から声をかけるのは、子どもの心の準備が整いつつあると感じた時です。

Bさんはキッズへ来るのが二回目で、一回目と比べて、Bさんの顔つきと態度から、私を信用していると感じ取りました。一方で、これまでの一年間、ご両親とは連絡を欠かしていませんでしたので、細かな情報も得ていました。彼がキッズへやって来ると自信を持っていました。

この日、Bさんが私を確かめに来たことを直感しました。

その勘は当たり、その夜、ご両親から「Bさんがキッズへ行きたい」と言ったとの電話が入りました。

3 文字を書くだけで、掌から汗

翌日からBさんは毎日キッズで学習することになり、夕方、母親に連れられてやって来ました。母親には一時間ほどの学習指導を試みるので、終了時刻に迎えに来てもらえるように伝えました。Bさんは相当母親に依存していると感じられましたので、まずは離れてもらうことにしたのです。

小学校低学年から教室で勉強することが十分でなかったとすると、中学校の学習内容に取り組むことは困難と思われ、彼をどのように学習に導くかは大きな課題でした。

この状態では、教育内容にとらわれてしまうと指導はできません。

あくまで学習への意欲づけをねらいとしなければなりません。

本人の興味や関心のないことを無理強いすると、後々の学習への興味を失ってしまうでしょう。そこでBさんがレスリングをしていることを思い出し、彼の関心をそちらに向けてみることにしました。そこで第一日目の学習は、レスリングで使用する重さの単位であるポンドとオンス、グラムとの換算の勉強を、電卓を使って進めました。

これは的を得ていました。Bさんはレスリングに詳しいので、興味を示し、自分から調べてノートに書きはじめました。計算にまで持ち込むと、おそらく興味を失うと考え、電卓を使用したのです。

気になったのは、ひらがなの一つ一つを「この字でよいのか」と尋ねてくることです。彼のレスリングの知識や会話の内容から推測すると、なかなかすぐれた能力を身につけていることを感じました。しかし、書くとなるとひらがなさえ自信がなく、これまでほとんど書く環境に置かれていなかったと思われました。

そして、学習が終わる頃になると、新しいノートは手の汗で擦れて穴が開いてしまいます。掌の汗は、こぶしをつくると、ポトリポトリと玉になって落ちていました。手の感覚がとても敏感なのです。

偶然、Bさんの手首に触れることがあったのですが、その時も痛みを感じると言いました。手首から先に過敏な反応の場所があるのでしょう。

子どもの感覚の発達差を知ることも大切

たくさんの不登校の子どもたちに出会っていると、子どもたちの聴覚、触角に感覚の差があることに気づきました。学校の健康診断で聴覚や視覚検査をしますが、この検査では知ることができない感覚の差がみられるのです。

聴覚のするどい子どもは、先生の声だけで不登校になっていることも分かりました。子どもと面接していると、家庭訪問してくれた先生のインターホン越しの声のことをしきりに話しました。先生の元気な声が耳に響いてきて、気分が悪くなるのだそうです。担任の先生の声は確かに大きくてトーンが高いのです。そこで、先生の声を少し小さくしてもらうように提案しました。このことによって、子どもは登校を再開できたのです。

このように先生の声の質で、登校できにくくなっている子どもは案外多いのではないかと思われます。

また、皮膚感覚のするどい子どももみられます。手首をつかまれると痛みを感じる子どももいますし、首とか両肩の皮膚感覚の敏感な子どももいました。

このように、子どもの感覚の差があることを知っておくことは大切です。しっかりと子どもを観察していれば、このことに気づいてきます。

4 キッズで学習し、他の子どもたちと交流

こうしてBさんを観察をしつつ、学習をしていきました。やがて丁寧な字を書きはじめることはできるようになりましたが、ひらがなはともかく、漢字となると小学校低学年の内容も十分ではありませんでした。そこで中一の教科書を使いつつ、簡単な漢字を指導していくことにしました。英語は新しく学ぶ教科ですので、まずは音読するところからはじめ、中一の数学は、正負の計算からはじめました。

当面は、国・数・英の三教科の学習に取り組むことにし、その中でコンプリメントをかけていきます。保護者の面接も月一回程度続けていくことになりました。

Bさんは約束をすると必ず守る生徒でした。開始時刻も終了時刻もいつも一定です。

次第に勉強が分かるようになったのか、学習中に笑顔が出るようになってきました。

このような様子を見て、保護者から、「キッズでの学習時間を出席扱いにしたい」との申し出がありましたので、キッズを学校外の教育施設として認めてもらえるように、中学校の校長先生に相談してみました。

当時近隣には、不登校の子どもを受け入れてくれる通信制高校はありませんでしたから、進学の問題は保護者を悩ますものだったのです。せめて欠席が少なければと藁をもつかむ思いだったと思います。学校は快諾してくれました。月末にはキッズから出欠報告をしていきました。

こうしてBさんの支援を続けていましたが、一向に登校の気配はみえません。

当初から三カ月間預かるとの約束をしていましたので、ご両親に今後のことで相談をしました。

「まだ登校の気配はないが、家庭でキッズでの様子を話している子どもを見ると、成長している様子が分かるので、もうしばらく通わせたい」

との返事があり、継続することになりました。

Bさんは常に母親と一緒に行動していましたので、大人との会話はできても、子どもと交わる経験が足りていません。そこでマンツーマンの支援から、少人数クラスでの学習に移してみました。彼はそのなかで上級生たちとすぐに仲良くなりました。

そして私の前では見せなかった態度も見られるようになりました。クラスの子どもの前でカバンを乱暴に扱い、わざとらしく大きな音をたてます。使った鉛筆や消しゴムを机の上に投げて置きます。あたかも動物が相手よりも強いぞと威嚇する態度に似た行動を取るのです。Bさんにとって、他の子どもとの出会いは、相手より自分が強いか弱いかの尺度で考えているようでした。

私は、Bさんには道徳心に基づいたものの見方、考え方、行動の仕方を教える必要があると感じはじめていました。この道徳心が、Bさんの生き方を左右するのではないかと思えたのです。

カバンや教科書、鉛筆等の扱いが乱暴な時は、

「カバンが痛いと言ってるよ」と幼児への道徳指導のように、機会あるごとに諭し続けました。

同時に、絵を描くことや文章を作ることを指導することもはじめました。道徳心を育て

ることも考慮し、キッズの農場で作物を育て、その体験を絵と文で表現させることにしました。

この農場学習は、私が教員時代に取り組んでいた子どもたちの心を育てる道徳教育の一つです。

農場学習の効果を実感

私の勤務していたS小学校では、小学校に総合学習のなかった頃から、農場体験の教科と道徳と特別活動をつないだ農場学習をしていて、今も続いています。

この農場学習のなかで、子どもたちの様子が大きく変化することを体験しました。例えば、誰に言われるのでもなく、トイレのスリッパがきちんとそろえられるようになり、子どもたちの表情も明るくなりました。

テレビ局からも取材が入ることもあり、新聞や雑誌にも取りあげられました。私の教員時代で、本当に子どもが変わっていくことを目のあたりにしたのは、これがはじめてでした。学級の子どもたちが変容していくことはありましたが、全校の子どもたちの変容が見られたのは、後にも先にもこの時だけです。

ですから、Bさんの心を育てるにはこの農場学習が効果を持つのではないかとも思いました。

5 農作業をし、絵や文章で表現

畑を耕すことから農場学習ははじまります。暑い時期でしたので、Bさんは大汗をかきながら広い畑を耕し、少しずつ畝立てをしていきました。

作業は一時間と決め、作業後、農場から戻り、まずはその日の作業の絵を描きます。画材はカラーコンテを使うことにしました。筆圧の強弱が十分に調整できにくいBさんですので、絵の具は不適と考えました。荒削りの絵を描くので、細かい表現に適した色鉛筆も不適です。クレヨンとカラーコンテを使うことにしました。手に汗をかくので心配しましたが、彼はコンテを選択しました。

こうして体験したことを作文と絵に表現していきました。ところが人物を描き込むことができないのです。畑は畑、人物は人物として別の紙に描き、組み合わせることにしました。

ところが人物を描くと、顔が描けませんでした。修正しつつ、「喜ぶ人の目はこんな形になるよ、口はこうなるよ」と表情を読み取ることを、絵を描きながら教えていきました。描いた人物を切り取り、畑の絵に糊付けし、その時の畑の作業と人の気持ちとを、絵に組みあげていきました。作文も同じように、Bさんが書いた文のその時の様子や気持ちを尋ねながら、一つ一つの文を修正していきました。その修正した文を、再度書きなおして絵と組み合わせていきました。

Bさんはキッズで学んでいるうちに、共同でカレーを作ったり、ブラックバスを釣りに行ったりできるようになりました。

言葉の悪さは、相変わらずですが、休日にはバスに乗って祖母の家に行ったり、キッズで知り合った友達とレスリングの練習に行ったりと、行動範囲がどんどんと広がっていきました。

6 七年ぶりの登校

キッズに来て、一年近くになった頃、Bさんが、

「先生、来週から学校に行くよ」

と言い出しました。

七年もの間、きちんと学校に行っていなかったBさんが一週間後に登校する……私は半信半疑でした。奇跡でも起きない限りとても無理だと思えました。数日後、お母さんと話し合う機会がありましたので、その話をしてみました。

「先生、私もそのことをBから聞きました。信じられなかったのですが、今までほったらかしのカバンを取り出してね、教科書にも名前を書いているんです。通学に使う自転車も掃除をしているんですよ。本当に行く気ですかね」

登校すると宣言していますので、行くことは行っても続くかどうかの確信を、私は持てずにいました。

次の週の月曜日の早朝、お母さんから電話が入りました。

「先生、行きましたよ」

「驚きましたね。登校したのですね」

「朝七時早々に学校に着いたが、校門が閉まっていたので、学校の周りをグルグル回っていたら、日直の先生がおいでて門が開けてくれ、全校で一番早く登校して教室に入ったそうですよ。それで最後まで学校にいて、先程帰ってきました。」

登校すると自分で決め、それを宣言したBさんです。心のコップに自信の水がしっかり溜まったのでしょう。

登校開始日は、キッズから離れる日でもありました。Bさんにとって学校に戻れば、キッズに行く必要はないのです。その後一日の欠席もなく、元気に登校し中学校を卒業し、通信制高校へ進学したとお聞きしました。

Case 3

登校渋りのCさん

早期に母親が相談に来所、面接して親の迷いをなくす

1 お母さんの不安を感じ、成功事例を話す

Cさんは、家族の転居にともない、町の中の中学校に入学しました。転校して、まったく知り合いがいない状態になりましたが、それでもなんとか登校していました。

もともと物静かな子どもでしたので、わが子が元気がなくなりつつあることに家族はまったく気づかず、五月の連休後は、とうとう登校できなくなってしまいました。心配した母親は、私の所にすぐに相談に来られました。実は、小学校の低学年時にも同様の登校渋りがあったそうです。その時は、毎朝引きずって学校に連れていったようです。それからも、毎年新学期には、同じように登校渋りを繰り返していて、今回も同じような

状態と両親は思っていたようです。

しかし「月曜日から登校する」と宣言しても、日曜の夕方から不機嫌になり、ひどく落ち込んで、泣き続けるようになってしまいました。それでも連休前は遅刻してもなんとか登校していたのに、連休後はまったく登校できなくなってしまったのです。

初期面接は、Ａさんの事例とほとんど同じでした。

まず、お母さんへのコンプリメントをし、次に子どもへの支援の方法を説明しました。内容は、子どもの心のコップに自信の水を入れることによって、再登校に導くことですで、いくつかの事例を挙げながら、説明していきます。

お母さんは、なんとかして自分の力でここを乗り越えさせないと、高校の入学時にも同じ状態になるのではないかという不安をお持ちでした。そのうえ、面接時のお母さんの顔の表情や声から、実際にできるのだろうかという不安も感じ取れました。そこで、次回の面接を、いつもより早く一週間後にお約束して、初期面接は終了しました。

2 お母さんの意欲がCさんの幸運

Cさんの事例では、欠席日数が三十日以下でしたので、不登校にはカウントされていません。こんな子どもたちも多いのです。

この子たちは、高校で不登校になることが多いのです。高校で相談を受けている半数は、高校ではじめて不登校になっています。この子たちは、小学校や中学校で登校渋りが見られています。遅刻は多いが、欠席日数が不登校としての決められた日数には当てはまらないのです。ですから、保護者も教育相談までの必要性を感じないのです。

早期に、お母さんが相談に来られたことは、Cさんにとって幸運だったといえます。

3 面接で親の迷いをなくし、意識づけをする

一週間後にCさんのお母さんが面接に来られました。

「先生、最初の相談の日から記録を取ってきました。毎日、子どものよいところをコンプ

リメントを続けました。そしたら三日目くらいから、Cがよく話しかけてくるようになったのです。学校であったことを帰宅するとずっと話してくれます。何か明るくなったように感じて、少しよくなったと思っていたら、また登校渋りがはじまるのです。そしたら、褒めるところより、悪いところばかりが目についてしまって、コンプリメントができにくくなってきたのです」

「一週間とにかくよく努力されましたね。記録をお聞きしても、上手にコンプリメントできていますね。Cさんに問題が出てきたのも意欲の結果だと思います。ほとんどの方は三日目になるとリソース探しに迷いがでてきます。そして、どのようにコンプリメントをかけてよいか、分からなくなるのです」

「私は、一週間目ですよね」

「お母さん、最初の日のコンプリメントはがんばれたでしょう。三日続けるとCさんがよく話しかけてくる効果も出ましたよね。そうするとついつい欲が出てきてね、このまま朝から登校できるようになるんじゃないかと思いますよね。そして自然に目標を高くしてしまう。早く登校させようとすると、Cさんへのコンプリメントができにくくなるのです。だから、『足音も褒めなさい』っていったように、ほんの小さなよいところでも見つけるようがんばりましょう。最初から十をねらうのでなく、一か二でもいいですからコンプリメントしてくださいね」

初回面接から一週間後に二回目の面接を入れるのは、この時期になると何をどのようにコンプリメントすればよいのかが分かりにくくなるからです。

そこで一週間後のお母さんの面接では、再度支援のポイントを話します。すでに内容を聞くのは二回目ですし、コンプリメントをした体験もありますので、よく理解できるのです。一度体験した後に、面接を再度することは、親の意欲を高めることにつながると考えています。

こうして親の面接とコンプリメントだけで登校渋りのなくなったCさんは、現在、高校の特別進学クラスに入り、将来はカウンセラーになると、勉強に邁進しています。

4 保護者の協力さえ得られれば、百パーセント登校する

子どものよさをコンプリメントし記録する。このリソース・コンプリメント・記録の三つのポイントを実行すれば、子どもたちを必ず再登校に導けます。このことは、これまでの六年間で数多くの子どもたちが再登校していることで実証済みです。

ただ、いくつかの課題も浮かび上がっています。最も大きな課題は、子どものよさを見つけられず、それをコンプリメントできない母親がいることです。

こんな母親は褒められて育った経験がないのです。叱られて叱られて育てられた経験しかない母親……。それを見返そうと思って必死で勉強してきた母親もいます。

こんな場合はまず、親をトレーニングをしなければならないのです。「足音もリソース」とお話しても、なかなか理解をいただけなく、世界一幸せな母親としてコンプリメントしなさいとお話しても、感情をこめてコンプリメントできません。

こうした子育てのスキルの不足が、子どもの心の中のコップを小さくしているとも考えられます。

こんな場合、まず面接回数を増やしています。

次に、私の面接の話術とたくさんの事例を用いることで意欲を高めていきます。

保護者、特に母親の協力が得られれば、ほぼ百パーセントの確率で登校していくのです。

Message

すべてのお母さんたちへのメッセージ

"三つのポイント"は子どものすべての問題解決に効果をもつ

これまでは、三つのポイントを使って、不登校の子どもたちを再登校に導く支援に使う手立てを話してきました。

実はこの方法は、子どもの問題に関するほとんどすべての問題に効果をもつのです。

私はスクールカウンセラーもしていますので、不登校のみならず、さまざまな相談を受けます。

親や先生、子どもたちから持ち込まれる相談は、数限りないのです。

例えば発達障害、非行問題、学習指導、授業内容、友達との人間関係、親子関係、子どもの躾、非行、家庭内の問題、離婚、再婚問題、将来の仕事、恋愛、自殺予告など、思いつくだけでもこれだけの相談を受けています。

それぞれの相談内容を突き詰めていくと、ほとんど三つのポイントであるリソース・コンプリメント・記録によって解決の糸口が見いだされるのです。非行に走った子どもへの支援にも効果があります。

私は少年院の篤志面接もしていますが、この面接でも、子どものよさを常に見ていますし、それをコンプリメントしています。不登校の子どもと同じように、当初こそ、信用に足りる人間かを試されますが、後々の面接は積極的に受けてくれます。

少年の将来がかかっていますので、少しでも自分のよさに気づいて、自信をつけて再出発をしてほしいのです。

兄弟関係の改善にも役立ちます。小学生からなかなか兄弟が仲良くなれないとの相談を小学生から受けました。この時は、互いのよさを記録してもらいました。一月ほどで、以前よりは兄弟仲が良くなったそうです。

遺糞症と考えられる子どもの相談もありました。遺糞症とは、糞尿を部屋の隅やチリ箱や下着の中に放置するのです。母親との面接で、子どもに必要な愛情と承認を、ペットの犬に与えていることに気づいて、話を聞いて子育てをし直して、すっかり症状は消えていきました。

ケースにより、相談の内容によって、三つのポイントをうまく組み合わせて使っていくのです。

私がこれまで多くのケースで実証してきたように、三つのポイントは、子育てにおいてのさまざまな問題を解決する大きな手助けになると確信しています。

Chapter

4

今後の課題と私のプラン

親の育児能力を高め、学校と連携を図る

1 母親の子育て能力を高める働きかけ

私の願いは、不登校の子どもたちが再び学びの場である学校に戻ることです。そのために、三つの支援のポイントを使って実証的にその効果を見てきました。

この方法は子どもの再登校のみならず、不登校の予防的な効果もあることが実証されています。

また、子どもたちの教育に関する問題のほとんどは、三つのポイントを切り口に、解決の糸口が見つかってきます。

この三つのポイントによる支援は、まさに「親によってなされる子育てそのもの」だということです。

六年間の間、たくさんの保護者に出会ってきました。三つのポイントをすんなりと受け入れる親もいますし、分かっているが、なかなか生活に生かすことのできない親もいるのです。

前にも書きましたが、褒められて育った経験がない母親は、子どものリソースをなかなか見つけられない、充分なコンプリメントもできないのです。「足音もリソース」とお話してもみても、ご理解をいただけず、愛情のこもった子どもへの対応が望めません。

こうした母親への子育てのスキル（技術）アップの支援も大切な課題です。

親へのコーチングの強化

三つの支援のポイントを親に委ねるのですから、それができにくい親へは、コーチングが必要となってきます。これまでは、面接のなかでコーチングをしてきましたが、これでは充分ではありません。

さらなる親の支援を考えていかなければなりません。そこで、私は次のような活動をしています。

◉「三つの支援のポイント」の啓発活動

まずは〝親による不登校支援の方法〟があることを知っていただくことが必要です。

しかし、公的機関から出されている支援の方法は、それが直接的な効果を持つとは考えられません。

例えば、よく家庭訪問を欠かさないようにといわれていますが、家庭訪問すれば登校するものではないのです。仮に、家庭訪問に効果を持たせるとすれば、家庭訪問により再登校した事例から、効果的なポイントを明らかにし、それを広めていかなければならないと思います。しかし、そのような取り組みは、ほとんどされていません。何より、不登校の子どもを再登校に導く支援の方法が明確にされていませんので、致し方のないところです。

私の提唱する不登校の三つの支援のポイントは、これまで六年間の経過も踏まえて、その効果を明らかにしています。ですから、この方法を多くの保護者や先生方に知っていただき、実践してもらいたいのです。動くまでじっと待っているよりも、三つのポイントによる支援を試してほしいのです。

三つのポイントは、子どものよいところを、気づかせ、それを記録するだけですので、わずか一日三分間の努力だけなのです。これによって子どもに害が生じることはありません。少年院で篤志面接をしていますが、「ぼくは、親に褒められて少年院に来ることになった」と言っている子どもはいません。ほとんどの子どもたちは、その逆のことをされて道を誤ったと思います。

2 講演会を開き、私の支援方法を広めたい

ＰＴＡ主催の教育講演会は依頼があれば、ほとんどお受けしています。

このなかで私の教員時代の経験を生かし、学校に応じた事例をたくさん挙げながら、分かりやすくお話させていただき、喜んでいただいています。

また一昨年より市の生涯学習課より依頼を受け、就学時の健康診断時に新入生の親を対

象にして、「子育て講演会」をはじめたところです。

例えば、小学校での子育て講演会では、「子どもの心のなかのコップに自信の水を満たす」「三分間の子育てで子どもが変わる」の演題で、約一時間のお話をさせていただきました。この講演会を開催するにあたっては、養護の先生のお力添えと、学校長のご理解がいただけました。

こうした理解していただける方々の広がりこそが大切で、今後も積極的に講演会を実施して、子育てと私の支援方法をお母さん方に広めていきたいと思っています。

3 ミニ集会とワークショップ体験を楽しむ

私は、こうした公的な講演会だけでなく、小さな子育てのグループ単位でのお話も開いていきたいと考えています。

少ない人数であれば、「ワークショップ」による体験で学ぶこともできます。

もうすでにリソース探しやコンプリメントのかけ方を、私の勤務する小学校の母親たちで取り組んでいますし、養護の先生方も研究されています。ロールプレイングは、実は私の最も専門分野ですので、トレーニング方法もいくつか考えて、先生方の研修にも用いています。

私の勤務する別の学校では、学校保健委員会で親を対象に子どものよさを見つけ、コンプリメントするトレーニングをしています。具体的に挙げると、次のような方法を用いて楽しんで学んでいます。

まず、五人から六人程度の小集団をいくつかつくってもらいます。

そして、起床時から就寝までの間によく子どもにかける言葉を短冊に書いていきます。その短冊を「子どもへの注意指示」「褒める」「その他」の三種類に分け、親が褒め言葉の少ないことに気づいてもらいます。その後、よさ（リソース）とコンプリメントの説明をします。

そして演技者と観客からの意見を聞きだし、よりよいと考えられるよさ（リソース）を見つけだし、コンプリメントしてみる……このような取り組みをしています。

この取り組みは、予防的で才能開発的な方法といえます。

また、ミニ集会では、支援トレーナーによる相談活動をします。これは三つの支援のポイントで再登校した親から直接に話を聞き、やり方を学ぶことができるシステムです。

すでに電話相談をお願いしているお母さん方がいますので、この方たちがトレーナーになってくださいます。再登校を果たしている子どもさんの母親ですから、実体験に基づいて助言していただけます。これほど力強いことはありません。

子育ての力をつけてコンプリメントできるようになれば、子どもはコンプリメントで育ちます。その方法で育った子どもは、この子育てを引き継いで、自分の子をコンプリメントで育てるのです。そのようにしてコンプリメントで子育てするサイクルが世代間で構築されていけば、たくさんの子どもたちが、健やかに育っていくことになるでしょう。

4 本の刊行やインターネット利用による啓発

今回私は、何といっても本の形にまとめることが必要だと考え、思い切って執筆してみました。

講演会は、一度聞けばおしまいで、再度聞こうにも機会はすぐに訪れません。また多くの人たちに私の話を聞いていただくには時間が必要です。

その点、本だと必要な時に開くことができ、不登校に悩んでいるお母さんに、広く早くお伝えすることが可能になると考えたからです。

ホームページは、紙面が限定しますし、ネットの環境がなければ見ることができませんが、おおまかな紹介はしていますので、一度のぞいてみてください。

一刻も早く、本やホームページが、お母さんたちの目に触れ、子育ての悩みから解き放たれる日が訪れるよう、願ってやみません。

5 学校の子育て運動としても展開したい

一日三つのリソースをコンプリメントする「三分間子育て運動」が、地域や学校を主体にして広まれば、子どもの教育に関する問題が少しずつ解決していくと考えられます。

「親の生活を変える必要はありません、一日三分だけ子育てしましょう。三分間ですることとは、一日三つの子どものリソースを見つけてコンプリメントするだけ。抱き締めることもコンプリメントなのですよ」

こんなキャッチコピーです。

学校には、すばらしい経験知があります。どのような運動に展開させるかは、学校にお任せすることになりますが、これからの展開が楽しみです。

エピローグ

先日、ある小学校での教育講演会を終えました。予定されていた人数を大幅に越えたとのことでした。当日来賓として元教育事務所長のT先生がおいでになりました。講演を終え、校長室で来賓の方々と雑談しておりました。

T先生は、私が小学校で取り組んでいた農場学習のことや子どもを観察することの大切さ、何より子どもの心のコップに自信の水を入れる、そしてそれを親に委ねる発想にとても感心してくださいました。先生からこのようにご理解いただけ、この三つのポイントの方法に自信を持つことができました。

さてスクールカウンセラーとして、私は、親による子どもの心のコップに自信の水を入れることを提唱しています。

子どもへの直接の支援は親に委ねることとなります。これでよいのです。子育ては、親自身の手でしなければなりません。人に任せてはできないのです。

親への提案と言いましたので、さぞたいへんと考えたでしょう。この提案とは、わずか三分を子どものために使っていただくことです。それだけで、再登校への糸口がつかめます。また、子どもの教育問題は、ほぼこの三分間の努力が、解決の糸口につながります。すべては家庭の力で対処できるのです。

私はスクールカウンセラーとしてこの三分間をコーチングしていきます。そうそう、子どもの能力の開発にもつながっていることも付け加えておきます。

あのどうしようもなく、あがけばあがくほど抜け出せない泥沼のような状態から、わずか三分の努力で、まったく次元の違った状態となります。泥沼と思っていたところが、実は子育てのチャンスであったことに気づきます。第二回目の子育て、子どもの独り立ちへの子育てをはじめる時期なのです。

不登校も非行も、子どもからの緊急サインなのです。私の面接を受けた方は、肩の荷を降ろし、久しく忘れていた笑顔を取り戻されます。

明るいカウンセリングこそ、私のねらいなのです。なぜなら、子育ての絶好の機会を手に入れたのです。親にとって子育てこそ、最高に幸せなことなのです。だからこそ自然と笑顔になっていくのです。

出版に際し、故坂東義教先生にお礼を申し上げます。

私の記憶の奥底に坂東先生がいます。坂東先生は、北海道教育大学の先生です。今から四十年近く前、テレビ朝日に出演されていました。函館弁で教育講座を語られる先生の軽妙な語り口と博識は、今もなお、私を魅了しております。

また、リーブル出版の新本出版部長様と社長様には、出版社として本当に多くの助言をいただきました。心より感謝申し上げます。お二人に出会わなければ、おそらく本として出版できなかったと思います。

こうして出版できましたこの本が活用され、再登校できる子どもたちや、そのご家族の笑顔の輪が、全国に広がっていくことを願ってやみません。

平成二十三年八月

森田直樹

再再版に当たって

初版からすでに三年。この本で述べているコンプリメントは、不登校の子どもさんを再登校に導くだけでなく、発達障害など問題を抱えた子どもさんの適応指導にも効果を持ちます。また、コンプリメントを子育てに用いている方もおられます。コンプリメントは、子どもの心を自信の水で満たすだけでなく、子どもの未来の可能性の種まきにもなることが分かりました。まさに日本流の子育てなのです。

ご自分でコンプリメントすることに不安を持たれている方、コンプリメントを学びたい方には、コンプリメントトレーニングを行っています。

コンプリメントトレーニングは、二か月間です。毎日書いたトレーニングノートを一週間分まとめて送っていただき添削します。同時に、メール・電話相談がいつでもできます。随時更新しているブログ（キッズカウンセリング寺子屋・所長のひとり言）は、コンプリメントするための視点や意欲づけに役立ちます。また、ブログのコメントは、トレーニング中、トレーニングを終了した方の相互の情報交換の場となっています。不登校のきっかけには様々な要因があります。コンプリメントトレーニングは、その子どもさん個々の要因に対応した支援をしています。

北海道から沖縄まで全県にトレーニングを受けている方、受けられた方がおられます。また、海外在住の日本人の方もコンプリメントトレーニングを受けられています。子どもさんの年齢層は、幼稚園から大学生までです。

コンプリメントトレーニングは、親のトレーニングです。子どもの心に自信の水を入れ、子どもに未来の可能性の種まきができる親になるためのトレーニングなのです。コンプリメントトは、簡単です。しかし、続けていくと奥深いことに気づきます。それを学ぶことがこのトレーニングでできるのです。

コンプリメントトレーニングの資料は、ホームページ（キッズカウンセリング寺子屋で検索）のコンプリメントトレーニングの説明に入り、請求の手続きをしてください。ご質問等は、メールでお願いします。電話でも可能ですが、なかなかつながりません。（090－7582－9368）なお、携帯からのメールは設定を確認してください。こちらから返信できないことがあります。事務所のメールアドレスは info@terakoya.sunnyday.jp です。どうぞよろしくお願いいたします。

平成二十六年八月

《主な参考文献》

家という病巣　山田　和夫（朝日出版）

親と教師が助ける不登校児の成長　小野　修（黎明書房）

カウンセラーは学校を救えるか　吉田　武男・中井　孝章（昭和堂）

子どもをとらえる構え　長岡　文雄（黎明書房）

子どもを育てる筋道　長岡　文雄（黎明書房）

小学校におけるロール・プレイング技法によるサイコエデュケーションの研究　森田　直樹（香川大学大学院教育学研究科学校臨床心理　修士論文）

賞罰をこえて　外林　大作（ブレーン出版）

スクールカウンセリング・ワークブック　黒沢　幸子（金子書房）

道徳的行動の心理学　中里　至正（有斐閣）

脳を変える心　シャロン・ベグリー著　茂木健一郎（訳）（バジリコ株式会社）

心理学　神宮　英夫（新星出版）

坂東先生の教育講座　坂東　義教（テレビ朝日）

続坂東先生の教育講座　坂東　義教（テレビ朝日）

問題行動の意味にこだわるより解決志向で行こう　森　俊夫（ほんの森出版）

やさしい精神医学1　森　俊夫（ほんの森出版）

やさしい精神医学2　森　俊夫（ほんの森出版）

森田　直樹（もりた なおき）

昭和27年生まれ
香川県公立小学校から瀬戸内短期大学准教授を経て
現在、香川大学教育学部附属坂出学園スクールカウンセラー
藤井学園ユリイカ・中学・高等学校スクールカウンセラー
香川県公立小・中学校スクールカウンセラー
鳴門教育大学大学院学校教育修了・香川大学大学院学校臨床心理修了
教育学修士

●事務所

キッズカウンセリング
香川県三豊市高瀬町上勝間２４５１－１
ケータイ090 － 7582 － 9368
ホームページ［キッズカウンセリング寺子屋教室］
http://terakoya.sunnyday.jp/main.htm
メールアドレス info@terakoya.sunnyday.jp

不登校は1日3分の働きかけで99%解決する

2011年8月30日　初版第一刷発行
2016年6月20日　初版第十一刷発行

著　者――森田直樹
発行人――新本勝庸
発行所――リーブル出版
〒780―8040
高知市神田2126―1
TEL088―837―1250
装　幀――島村　学
印刷所――株式会社リーブル

ISBN 978-4-86338-044-8